*Collection*
**IDÉES-JEUX**

4. L'album des nœuds
8. Jeux et fêtes aux couleurs du monde
9. Fêtes d'enfants
10. Mon grand livre d'activités manuelles
11. Maquillages en cinq minutes
12. Les pirates
13. Les Indiens
14. La fête est un jeu d'enfant
15. Indien, de la tête aux pieds
16. Origami, le monde des animaux
17. Les chevaliers
18. Les dinosaures
19. Maquillages fantastiques
20. Bricolages faciles
21. Vive les vacances
22. Les Égyptiens
23. Décors et bricolages de Noël
24. Les Romains
25. Fabriquer des cerfs-volants
26. Décors et bricolages de Pâques
27. Décors et bricolages pour toute l'année
28. Découper, décorer : la fête en papier
30. La musique et les petits
31. Noël au jour le jour
32. Premiers maquillages
33. Le clown c'est toi !

# La **m**usique et les petits

Traduction : Anne Le Tetour

Adaptation des chansons :
Germaine L-D Briffod

Titre original en allemand :
*Das Musikbuch für Kinder*

COLLECTION IDÉES JEUX

# La musique et les petits

## JEUX . ACTIVITES . CHANSONS

Dorothée Kreusch-Jacob

Illustrations de Doris Rübel
Photographies de
Ursula Markus

FLEURUS IDÉES

Editions Fleurus, 11, rue Duguay-Trouin 75006 Paris

# PRÉFACE

« Dans chaque adulte se cache un enfant...qui lui aussi, a envie d'être artiste, de créer et de ne pas se contenter d'être un spectateur émerveillé. Cet enfant est le créateur immortel qui sommeille dans le cœur de l'adulte... »

Christian Morgenstern

## La musique avec tous les sens



Pour les enfants, la musique n'est pas une question de talent, car tous les enfants sont musiciens. Et être musicien consiste au fond à être sensible aux sons et à se laisser toucher, émouvoir par la musique.

Ce livre a pour but de montrer aux enfants et aux éducateurs comment les jeux peuvent les aider à se familiariser avec la musique. Le développement de l'enfant comme son apprentissage de la musique passent par le jeu. Les petits appréhendent la musique avec tous leurs sens, leurs oreilles, leurs yeux, leur cœur et leurs mains.

Dans cet ouvrage, on essaiera d'aborder la musique de manière créative, en faisant appel à l'imagination. On proposera aux enfants d'enregistrer et de reproduire les sons, de découvrir et de s'exprimer, de percevoir les bruits et de leur donner forme. Cet apprentissage permettra aussi de passer du « je » au « tu », et de découvrir l'autre.

La musique a sa place dans la vie quotidienne de nos enfants, elle fait partie intégrante de leur existence. Leurs premières expériences musicales leur serviront à apprendre à jouer d'un instrument ou simplement à aimer la musique toute leur vie.

# SOMMAIRE

## CHUT ! ÉCOUTE !



## L'EAU, L'AIR, LE BOIS, LE PAPIER...



## FABRIQUER SES INSTRUMENTS



## LES INSTRUMENTS CLASSIQUES

# CHUT ! ÉCOUTE !

## Se calmer, écouter et découvrir le silence

Dès que votre enfant commence à être sensible aux bruits, à faire ses premières expériences acoustiques, essayez de faire un choix parmi la multitude de bruits de votre environnement quotidien pour canaliser ce flot de sons.

Ainsi, si vous voulez initier votre enfant à la musique ou lui apprendre à jouer d'un instrument, vous devez d'abord lui apprendre à écouter.
Il doit écouter ce qu'il n'entend même plus puisqu'il le subit en permanence. Dans une atmosphère calme, l'enfant doit essayer de discerner les bruits. C'est ainsi que les bruits qui nous agressent parfois peuvent devenir un matériau de jeu particulièrement attrayant.

De cette façon, l'enfant apprend à éduquer son oreille, ce sens indispensable à l'apprentissage de la musique ! Tendre l'oreille et écouter, découvrir des sources de bruits et, en même temps, intégrer chaque petit événement acoustique dans un monde musical imaginaire, c'est l'objectif de cet ouvrage.

# Atelier Musical

***En famille et avec des groupes d'enfants***

## Le silence

Quel bruit peut bien faire un poisson qui chante dans l'eau ? Christian Morgenstern nous le révèle avec une petite chanson. En fait, ce n'est pas vraiment une chanson, puisqu'on ne l'entend pas. Est-il possible que certains bruits n'existent qu'en imagination ? Nous ne le savons pas. Mais il est certain que chaque son, chaque bruit tire son origine du silence.

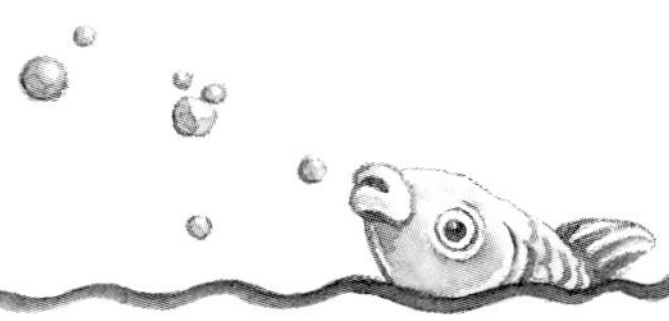

**La chanson nocturne du poisson**

Christian Morgenstern

**UNE CHANSON DANS LA TÊTE**

Ne pourrait-on pas aussi imaginer des signes pour écrire une chanson qui n'existe pas, un air qui, tout simplement, nous trotte dans la tête ?
Sur le dos de Julien, Thomas écrit une longue chanson, très douce au toucher. Julien sent le doigt de Thomas et chante tout bas, de façon à ce que personne ne l'entende.

**L'ÉTOILE BOURDONNANTE**

Sur l'étoile bourdonnante, les habitants ne peuvent se déplacer qu'en bourdonnant. Lorsqu'ils se mettent à bourdonner, ils décollent lentement du sol, puis commencent à voler. Plus le bourdonnement est aigu, plus ils s'élèvent dans les airs. Pour redescendre au sol, ils doivent émettre des sons plus graves. Ils peuvent aussi se déplacer par ondulations.

Nous nous couchons par terre de façon à ce que nos têtes se touchent. Puis, nous fermons les yeux et commençons à bourdonner. Nous sentons notre voix dans notre tête, dans notre ventre, dans tout notre corps. Quand l'un de nous reprend son souffle, les autres continuent à bourdonner. À une voix, à plusieurs voix, plus aigu, plus grave...

Nous nous racontons ensuite ce que nous avons ressenti au cours de ce voyage sur l'étoile bourdonnante.

## LE MOT-PUZZLE

Sahra sort de la pièce. Les autres enfants imaginent un long mot, hip-po-po-ta-me par exemple, et chacun choisit une syllabe de ce mot. Lorsque Sahra revient, tous les enfants se mettent à murmurer leur syllabe.

Sahra pourra-t-elle reconstituer le mot-puzzle ?

## « NE ME RÉVEILLEZ PAS »

...dit le grelot. Et il se rendormit. Sur le sol, on a posé une rangée d'objets qui font du bruit. Un grelot, une clochette, une crécelle, du papier cristal, une bouteille avec une bille dedans, une boîte métallique remplie de petits cailloux etc. Avec deux baguettes de bois, les enfants essaient de déplacer ces objets à tour de rôle, sans faire de bruit. Si on échoue, on passe les baguettes à son voisin.

## Le silence et le bruit

Sais-tu que chez nous,
Sais-tu que chez nous,
Chaque soir,
On entend arriver
Quelque chose
De très
*Silencieux.*

Et, crois-moi
Si tu veux,
Cette chose ouvre
La porte
Éteint la lumière
Et me dit :
« Arrête de jouer,
Mets-toi au lit
Sans un bruit ».

C'est le *silence*.

Sais-tu que chez nous,
Sais-tu que chez nous,
Chaque matin,
Vient nous rendre visite
Quelque chose
De très
BRUYANT.

Cette chose pénètre
Par la fenêtre
Brille et chante
Et me dit :
« Debout maintenant ! »
Et le soleil
Apparaît
Tout à coup.

C'est le BRUIT.

Irina Piwowarowa.

### LA CHAMBRE S'ÉVEILLE

Tout est silencieux maintenant. Même la chambre paraît endormie. Essayons de la réveiller avec des petits bruits. L'un après l'autre, les enfants traversent la pièce et essaient de faire des bruits très légers avec toutes sortes d'objets : le radiateur, la vitre, la tasse, le verre, la chaise...

### UN CHEMIN SILENCIEUX

On pose une bougie au centre d'une pièce sombre. Chaque enfant se trace un chemin jusqu'à la bougie avec différents objets (des herbes, des cailloux, des fleurs, des herbes ou des coquillages par exemple).
Pieds nus, les enfants marchent vers la bougie, puis reviennent doucement, sans faire de bruit. On peut les accompagner en marquant le rythme sur un triangle ou un gong.

## Écoute ce qui se passe dehors

### UNE HISTOIRE SANS FIN

L'histoire se passe pendant les vacances, au bord de la mer, dans une petite maison de bois. Il fait nuit. Le vent souffle et mugit autour de nous. Nous sommes tous couchés dans le grand lit et nous écoutons. Cette musique nous semble étrange, presque inquiétante.

Plus le vent souffle, plus nous nous serrons les uns contre les autres. Et s'il nous emportait ? dit Camille. Et s'il poussait tout doucement la petite maison et le grand lit tout en haut des dunes ? Le voyage de la petite maison poussée par le vent est devenu notre histoire.

Chaque fois qu'au dehors nous entendons la musique du vent qui souffle et tempête, nous nous en souvenons et nous continuons l'histoire. Nous voyageons sur l'eau, au-dessus des toits de maisons et des nuages...

### LE BRUIT DU VENT

Nous sommes tellement habitués à la musique du vent que nous n'y faisons même plus attention.
Mais si on prête l'oreille, on n'entend plus de la même façon: le bruissement et le frémissement des feuilles dans la rue, le froissement d'un vieux journal.
Le vent chuchote dans les champs de maïs, souffle à la cime des arbres et fait trembler les clôtures en fil de fer.

**LE JEU DU VENT**

Nous nous sommes métamorphosés en arbres. Nos pieds sont profondément enracinés dans le sol, et nous sommes là, debout. Nos bras s'étirent comme des branches. Le vent joue doucement avec les feuilles - nous bougeons nos doigts et nos mains. Le vent souffle plus fort pfffffffff... Avec nos voix, nous imitons son bruit. Plus le vent est violent, plus les arbres bougent. Ils se penchent, se balancent d'avant en arrière, s'inclinent plus bas, se redressent. La tempête s'apaise petit à petit. Tout redevient calme dans la forêt, si calme que nous pouvons entendre le silence.

**LE JEU DE LA PLUIE**

Tous les enfants sont transformés en arbres. Leurs mains sont molles et pendent lourdement. Nous imaginons que des gouttes d'eau tombent du bout de nos doigts. Nous représentons les gouttes avec nos voix (en faisant claquer la langue). Il y a de grosses gouttes et des plus petites (sons plus ou moins graves ou aigus). Puis, il commence à bruiner, et enfin, il pleut.

Puisque toutes les gouttes font des bruits différents, on obtient un concert de gouttes avec plusieurs sons. Le concert dure jusqu'à ce qu'on entende la pluie. Dans la forêt, tout est redevenu calme. Nous écoutons le silence.

# Écoute, Écoute...

Paroles et musique :
Dorothée Kreusch-Jacob

**CHANSON À ÉCOUTER**

Nous illustrons la chanson avec des bruits d'animaux. On conclut certaines strophes en imitant le cri des animaux.

2. Quand dehors la nuit tombe
tous les buissons frémissent.
Chut, chut.

3. Quand dehors la nuit tombe
Le vent souffle dans la nuit.
Chut, chut...

4. Quand dehors la nuit tombe
Hérisson court dans l'herbe.
Chut, chut...

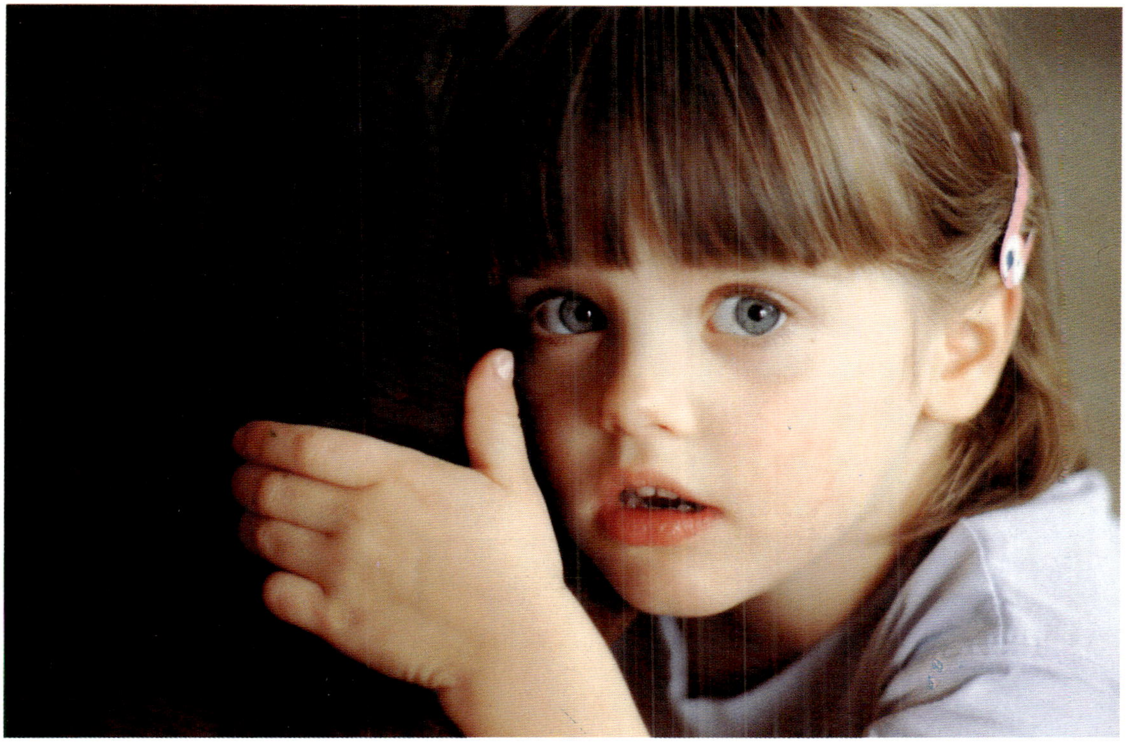



5. Quand dehors la nuit tombe
Un chien aboie au loin.
Chut, chut...

6. Quand dehors la nuit tombe
Le chat glisse sur le toit.
Chut, chut...

7. Quand dehors la nuit tombe
Les feuilles bruissent dans le vent.
Chut, chut....

8. Quand dehors la nuit tombe
Un air passe dans la nuit.
Chut, chut.

## LA SORCIÈRE DES NUAGES

Il était une fois une sorcière des nuages qui avait très envie de revoir un de ses vieux amis. Cet ami s'appelait Vent et c'était un individu très violent. Il vivait dans la Forêt de la pluie. La Forêt de la pluie était pleine d'oiseaux qui chantaient merveilleusement, et tous les arbres résonnaient de leurs chansons.

Avec son balai sifflant, la sorcière des nuages filait à toute allure au-dessus de la cime des arbres. Le Vent était étendu paresseusement dans une clairière et écoutait la musique de la forêt. Il fut très heureux de voir arriver la sorcière sur son balai. « Il faut fêter ça ! s'écria-t-il. Viens, nous allons inviter mes amis, le Tonnerre bruyant et l'Éclair éblouissant. Nous ferons de la musique endiablée et nous danserons toute la nuit ! »



Bientôt, la musique la plus belle retentit dans la Forêt de la pluie, les quatre amis fêtaient joyeusement l'arrivée de la sorcière des nuages.

Dorothée Kreusch-Jacob

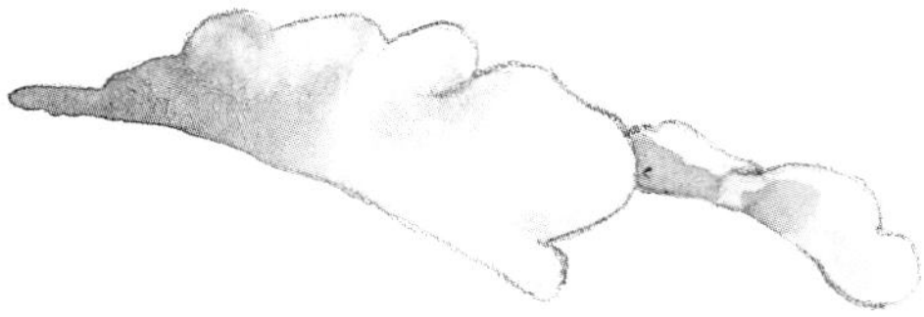

# Idées de jeux par tranche d'âge

### CONTE SONORE

Il y a plusieurs façons de raconter des histoires. Nous allons essayer de traduire avec des bruits ce que nous ne pouvons pas exprimer avec des mots. Nous découvrirons ainsi que dans chaque petite histoire se cache une musique.

Tous ensemble, nous imaginons un jeu sonore. Chaque enfant se choisit un rôle et cherche avec quels sons il pourrait bien jouer ce rôle : avec la voix, avec les mains, en frappant sur différents objets, avec un instrument de musique, tout est permis. Pendant que l'adulte lit lentement le conte, les enfants accompagnent le déroulement de l'histoire avec des bruits.

Les auditeurs peuvent participer au jeu en faisant des bruits ou de la musique avant le début de l'histoire, ou en inventant un fond sonore pour le conte. Et quand on échange les rôles, l'histoire prend un nouveau visage.

### JEU MUSICAL À ENVOYER PAR LA POSTE

Thomas voudrait enregistrer notre histoire sur une cassette...pour ne pas qu'elle disparaisse si vite. Nous recommençons donc à jouer, mais cette fois avec un micro. Tout le monde est très étonné car chacun redécouvre l'histoire en se réécoutant. On enveloppe la cassette dans un paquet décoré d'un dessin représentant la sorcière des nuages, et on la poste. Quelle chance, c'est l'anniversaire de Mamie !

*Pour les enfants à partir de 2 ans*

Les enfants de cet âge sont capables d'écouter avec beaucoup d'attention; ils sont «tout ouïe». Pour attirer l'attention de votre enfant, faites «chut», le doigt posé sur la bouche, et faites semblant d'écouter quelque chose. Il restera parfaitement silencieux. Ce silence, où apparemment, il ne se passe rien, permet à votre enfant de rester très attentif. Il attend que quelque chose se passe et guette les bruits.
Et il peut réexprimer ce qu'il entend avec tous les moyens dont il dispose, sa voix ou son corps.

### LA MAISON SONORE

Il faut une grande nappe pour nous blottir dessous. On peut voir des couleurs vives sous le tissu. Il fait bien chaud. Nous sentons les autres contre nous et nous écoutons. Sous la nappe, on entend mieux les bruits extérieurs.

**PETITE CHANSON SILENCIEUSE**

Il faut chanter cette chanson à voix basse, de préférence sur un matelas mou et dans une pièce sombre. Les participants arrêtent de chanter l'un après l'autre, jusqu'à ce que tout soit silencieux.

# Silence, silence

Air populaire

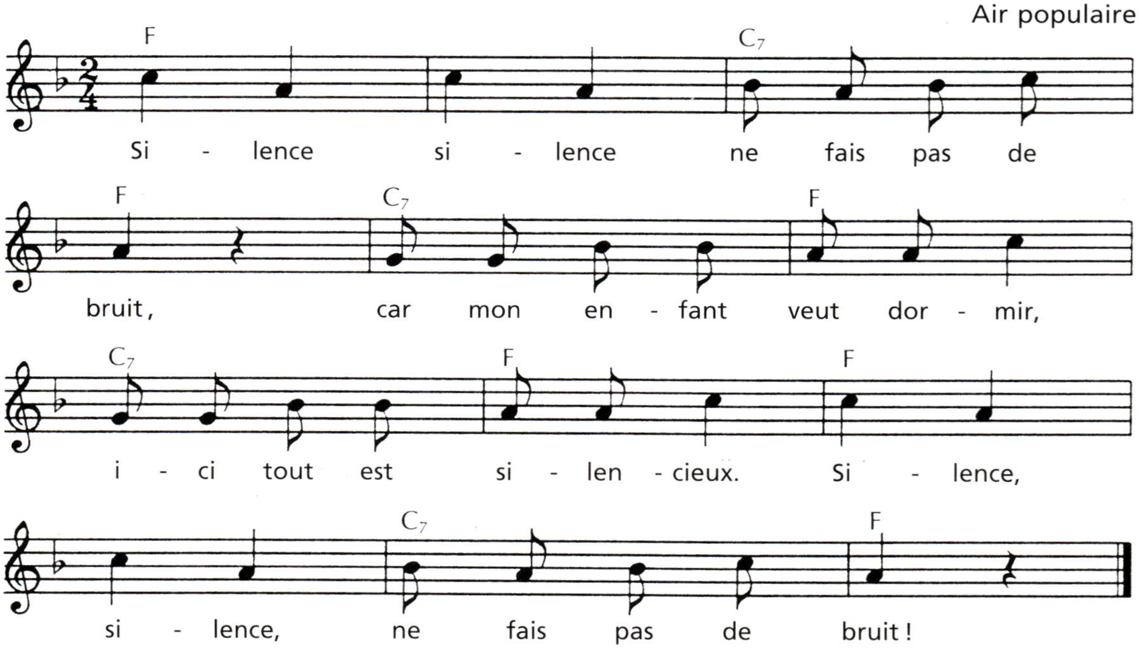

## HISTOIRE DE PLUIE POUR CINQ DOIGTS

Cinq petits doigts
Sont assis à la fenêtre
et regardent les nuages.
Est-ce qu'il pleut ?
Écoute les gouttes,
Écoute, il pleut fort,
Écoute, il pleut déjà à verse !
On entend les éclairs !
Il tonne !
Cinq petits doigts
courent vite à la maison.

Dorothée Kreusch-Jacob

## RACONTER AVEC LES DOIGTS

L'enfant raconte une petite histoire avec ses mains et ses doigts, de préférence en tapant sur un tambour (ou un carton).

# L'anniversaire du vent

Paroles et musique
Dorothée Kreusch-Jacob

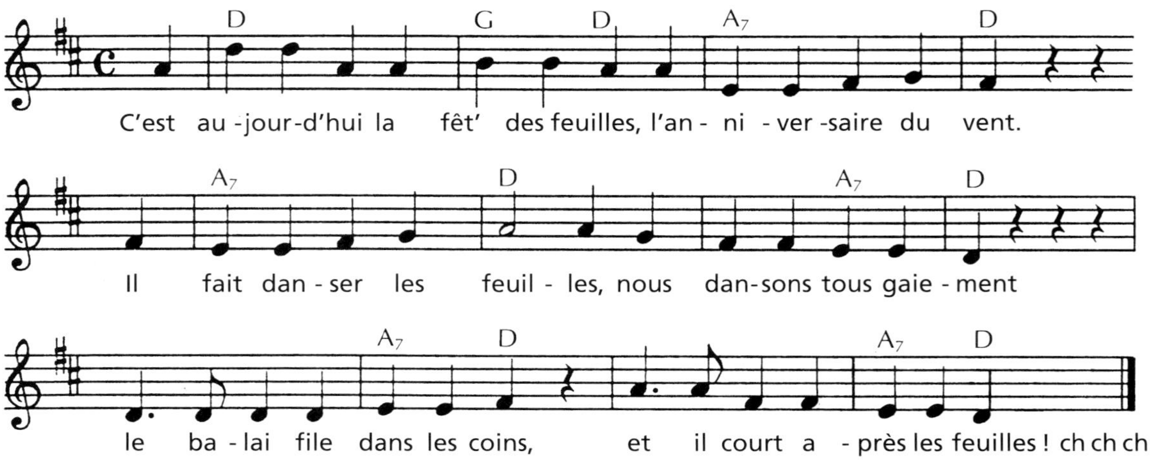




**LE JEU DES FEUILLES**

Les enfants dansent comme les feuilles dans l'espace. Avec leur voix, ils imitent les bruits. Le balai les poursuit et ils courent pour lui échapper. Chchchch...

## MUSIQUE AVEC UN LIVRE D'IMAGES

Il suffit que votre enfant regarde un livre d'images pour qu'il se mette aussitôt à imiter les bruits des animaux et des choses qu'il connaît : une voiture, une grenouille, un bourdon ou le vent... Il donne vie aux pages du livre. C'est là que se cache la musique !

***Pour les enfants à partir de 4 ans***

---

Les jeux musicaux doivent donner l'occasion de bouger et de se dépenser, mais ils doivent aussi répondre au besoin de calme et de silence de l'enfant. Ces deux impératifs sont indissociables. Le silence a besoin du bruit, et l'agitation de calme.

## MUSIQUE DANS SA TÊTE

On se bouche les oreilles avec des coussins. Tout est silencieux. Au début, on n'entend rien. Puis, quand on écoute à l'intérieur de son corps, on découvre des bruits que l'on n'avait jamais remarqués. La respiration, la déglutition, le bruit des dents qui s'entrechoquent ou le claquement de la langue...

## MUSIQUE DANS SA TÊTE AVEC UN CURE-DENTS

Dans sa tête, on peut créer des bruits que les autres ont du mal à entendre. Nous coinçons un cure-dent en bois entre nos dents, et nous le faisons vibrer. On obtient des sons différents en le déplaçant.

En modifiant la position des lèvres, et en formant des syllabes muettes (a-e-i-o-u), nous réalisons encore d'autres bruits très différents. Nous sentons les sons dans notre tête qui joue un rôle de caisse de résonance.

## MUSIQUE AVEC UN ÉLASTIQUE

La musique du corps est à la fois discrète et bruyante. Nous l'entendons clairement alors que les autres peuvent à peine la percevoir. Nous plaçons un élastique entre nos dents et nous le tendons devant nous avec une main. Nous le pinçons avec l'autre main. Quand on tend très fort la corde, on obtient des sons aigus, quand on la relâche, les sons deviennent plus graves. Et si nous inventions une petite mélodie ? À par nous, personne ne l'entend.

## LES BATTEMENTS DU CŒUR

D'abord, on marque le rythme du cœur en frappant sur le sol avec le plat de la main. Quel bruit ça fait sur un vrai tambour ? Lorsqu'on a joué assez longtemps, le cœur bat plus lentement.

## ET TOI, QUEL BRUIT FAIS-TU ?

Un jeu sonore pour jouer à deux. Quel bruit fait la respiration de l'autre ? Qu'est-ce qu'on entend, quand l'autre tousse ? Quels sons peut-on percevoir dans son ventre ? Quel bruit fait le battement de son cœur ?

## LA MUSIQUE DU RIRE

Tous les enfants sont couchés sur le sol. Chacun pose sa tête sur le ventre de son voisin, de façon à former une rangée. Dès que le premier enfant se met à rire, la gaieté se propage dans toute la rangée. Et comme le mouvement provoqué par le rire est très drôle, tout le monde rit. Un vrai concert !

## UN INSTRUMENT À PERCUSSION

Tous ensemble, nous formons un instrument à percussion. Chaque enfant essaie de jouer avec un autre instrument corporel. Nous nous donnons des petites tapes, nous caquetons, nous claquons des doigts, nous trépignons, nous faisons toutes sortes de bruits avec la bouche... Nous accompagnons notre chant d'un rythme très gai.

***Pour les enfants à partir de 5 ans***

---

L'enfant s'intéresse aux sons et aux bruits et cherche à reproduire ce qu'il entend. Quand les jeux musicaux lui permettent d'utiliser sa voix et de s'exprimer avec son corps, il est ravi. Il ne tardera pas à essayer aussi d'imiter les bruits qu'il entend avec un instrument de musique très simple.

## DEVINE CE QUI FAIT CE BRUIT

On se cache derrière un rideau et on fait un bruit. On peut frapper sur une bouteille avec une cuillère, composer des numéros de téléphone, ou encore agiter un porte-clés. Il faut alors deviner ce qui fait ce bruit.

## J'ENTENDS CE QUE TU NE VOIS PAS

Un enfant descend l'escalier en sautant, puis remonte lentement. Les autres écoutent attentivement dans la pièce et racontent ce qu'ils ont entendu en frappant sur des objets.
Ensuite, une balle de ping-pong dévale l'escalier à toute vitesse. Quel bruit ça fait ?

## IMAGES BRUYANTES, IMAGES SILENCIEUSES

Dans des magazines, on découpe des images qui représentent des objets, des voitures ou des animaux. Qu'est-ce qui est très bruyant, et qu'est-ce qui émet des sons plus faibles ?
On peut classer les images selon leur intensité sonore, ou trier les bruits graves ou aigus, les sons courts ou longs.

## L'IMAGE SONORE

Si on colle les images sur une grande feuille de papier, on peut ensuite faire un amusant voyage sonore. On promène un doigt sur la feuille, et lorsqu'on s'arrête sur une image, les enfants imitent le bruit correspondant avec leur voix.

## LE PUZZLE DES BRUITS

Nous écoutons ce qui se passe dans la maison. À partir des bruits que nous entendons, nous racontons une petite histoire. Un robinet qui coule, quelques pas dans l'escalier, l'aboiement d'un chien, un enfant qui tape sur les touches d'un piano, la sonnerie du téléphone...

## JEU D'ÉCOUTE

Avec les mains, on peut jouer à imiter les bruits. Voici quelques exemples :
– Le galop du cheval : on tape des mains, et l'instant d'après, on frappe sur une branche.
– L'eau : avec le bout du doigt, on effleure légèrement les cordes d'une cithare.
– La pluie : on tambourine du bout des doigts, très rapidement, sur des objets qui résonnent (une table ou une vitre).
– Le feu : on froisse du papier ou des feuilles de plastique.
– La motocyclette : on racle la peau d'un tambour.

## LA FOLLE CHEVAUCHÉE DU COW-BOY

Avec son cheval, le cow-boy chasse dans la prairie, dans les herbes sèches et les broussailles, sur le sable et la pierre. Là, un ruisseau ! Avec son cheval, le cow-boy saute dans l'eau qui jaillit et l'éclabousse. Une fois arrivé à la ville, on entend son cheval fatigué qui trotte sur les pavés. Comment raconter cette histoire avec des bruits ?

## CHANSON AVEC DES BRUITS

Cette chanson est accompagnée de gestes et d'onomatopées. Si on le souhaite, on peut imaginer la suite de l'histoire.
Au refrain, on répète les onomatopées de tous les couplets pour obtenir à la fin une longue tirade de bruits (You-hou-broum-broum-clipclop-tuut-tuut-hiii-hiii).

# Ma tante du Maroc

Musique : air populaire
Paroles : Dorothée Kreusch-Jacob

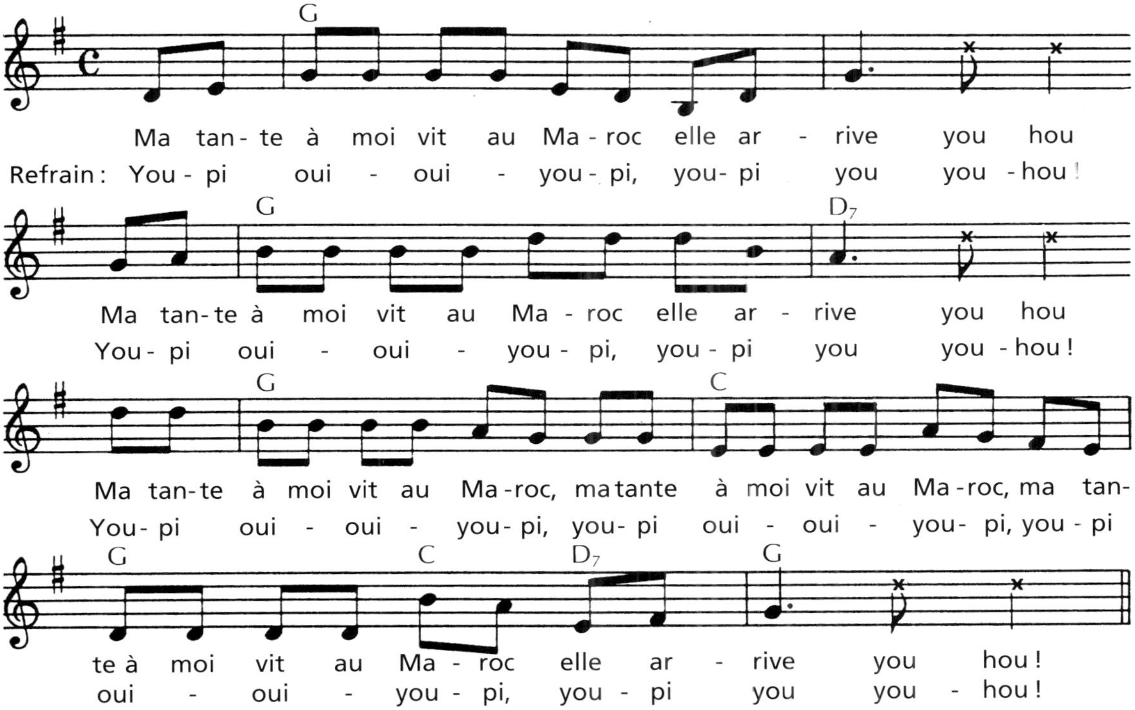


2. Elle arrive toujours en mo-to,
   Quand elle vient, broum, broum...

3. Ses deux chameaux courent
   derrière elle,
   Quand elle vient, clipclop...

4. Et elle appuie sur le Klaxon,
   Quand elle vient, tuut, tuut...

5. Elle fait toujours hurler les freins
   quand elle vient, hiii-hiii...

# L'EAU, L'AIR LE BOIS, LE PAPIER

## Quels bruits font-ils ?

Si on a réussi à attirer l'attention d'un enfant sur les bruits ambiants, il recherchera de lui même les différentes sources sonores. Il voudra répéter et modifier ce qu'il entend, et rien ne pourra étancher cette soif de découverte. Que découvre-t-il en définitive ? Que tout ce qui fait partie de son petit monde tinte, résonne ou émet des sons. Vous avez vraisemblablement déjà vu votre enfant faire les expériences suivantes : tout en marchant, il fait courir un morceau de bois sur une clôture de jardin. Il s'aperçoit que cela fait un bruit métallique et a envie de l'imiter. Une fois rentré à la maison, il cherchera à retrouver le même son sur un radiateur.

Le métal, le verre, le bois, le papier, la pierre... chaque matériau est différent au toucher et ne fait pas le même bruit suivant qu'on le laisse tomber, qu'on tape dessus, qu'on le déchire, qu'on le gratte ou qu'on le racle.
C'est ainsi que l'enfant prend conscience des propriétés sonores des matériaux. Il découvre à quel point les bruits et les phénomènes acoustiques sont différents. Ces expériences acoustiques de base permettent à l'enfant de se familiariser avec les divers matériaux. Elles joueront plus tard un rôle capital pour la compréhension du son des instruments.
La curiosité de l'enfant le pousse à expérimenter avec tous ses sens le « bruit » que font les objets et les êtres vivants.

# Atelier Musical

***En famille et avec des groupes d'enfants***

## « Une lettre pour les oreilles »

Certains jeux musicaux doivent être pratiqués à l'extérieur. Pourquoi ne pas passer une journée à jouer au bord de l'eau ? En nous promenant, nous écoutons les bruits et nous découvrons les mystères de l'eau, de la pierre, du bois et de l'air. Caroline a soudain l'idée d'enregistrer ce que nous entendons avec un magnétophone. Nous enverrons ensuite la cassette, cette « lettre pour les oreilles », à Julien, qui est malade.

### LA MUSIQUE DE L'EAU

« Salut Julien, nous faisons de la musique avec de l'eau pour toi, écoute... » Caroline fait tomber dans l'eau des pierres de tailles différentes, l'une après l'autre. « Au bruit, tu peux deviner la taille de la pierre ». Chloé verse l'eau d'une bouteille, Thomas raye la surface de l'eau avec une branche.

### LE JEU DE L'ÉLÉPHANT

Nous avons aussi emporté quelques tuyaux en plastique. On peut ainsi souffler dans l'eau qui se met à bouillonner et à faire des bulles.
« Tu entends Arthur, notre gros éléphant. Personne ne joue de la trompette aussi bien que lui. Avec sa longue trompe, il peut s'asperger d'eau, ou asperger les autres. Quand il recrache l'eau, il fait des bruits horribles. »

## LES BATEAUX DANS LE BROUILLARD

« Je peux aussi souffler » dit Caroline qui cherche une bouteille. Ce ne sont plus des bruits d'eau, mais des bruits d'air. En soufflant sur le bord du goulot d'une bouteille, on obtient un son qui ressemble à la sirène d'un bateau perdu dans le brouillard.

On se cache dans les roseaux, derrière les arbres sur la berge, et on joue aux « bateaux dans le brouillard ». Toutes les bouteilles font des bruits différents, car nous les avons plus ou moins remplies avec de l'eau. Simon part à la recherche des bateaux. Chaque fois qu'il en découvre un, le joueur est éliminé, et il y a une sirène de moins. Enfin, il ne reste plus qu'une sirène (un seul son), et celui à qui elle appartient devient le chasseur de bateaux.

## LA POLKA DES PIEDS ET DES MAINS

« Salut Julien, tu entends maintenant la polka des pieds et des mains ! » C'est Chloé qui a trouvé cette expression. Alors que nous marchions sur une passerelle en bois, elle a entendu le bruit de nos pieds. Quel bruit ça fait d'en bas ? Chloé enlève ses chaussures et patauge dans l'eau. Sous le petit pont, elle entend des pieds d'enfants qui trottinent, qui piétinent et qui sautillent. « On dirait un tambour géant ! » Les autres enfants aussi sont curieux. Ils s'arrêtent et écoutent.

Jacques joue au géant en marchant lourdement. Lucie l'accompagne en sautillant à petits pas légers et dansants. Elle a soudain une bonne idée. Elle donne une paire de sandales de bois au géant qui les enfile sur ses mains et danse une polka endiablée en frappant avec ses mains et ses pieds.

À la fin de notre journée de jeux musicaux, nous nous couchons à plat ventre sur le petit pont. Chacun laisse tomber une pierre dans l'eau. Nous attendons sans bouger que l'eau redevienne calme. « Et quel message crois-tu que le lac nous envoie pour nous dire au revoir, Julien ? Nos propres visages ! Ils se reflètent dans l'eau calme. Mais, c'est dommage qu'on n'entende rien ! ».

# De la musique avec du papier

Nous avons rassemblé quelques matériaux : de vieux journaux, du papier cadeau, des chutes de papier peint, du papier sulfurisé, du papier de soie, du carton ondulé, du papier aluminium... Et si on faisait de la musique avec ces papiers ?

Ce n'est pas vraiment de la musique, mais une multitude de sons différents. Les bruits ne sont pas les mêmes selon le type de papier, et selon qu'on froisse le papier, qu'on le chiffonne ou qu'on le déchire. Le papier est une fête pour les oreilles, mais aussi pour les yeux et les mains.

Ces matériaux sont tous différents au toucher : le papier de soie est tout doux, le papier cadeau est lisse, le papier de verre rugueux, le carton... ondulé ! Une multitude de jouets étonnants ! Les enfants aiment s'admirer dans le miroir déformant d'un morceau de papier aluminium que l'on agite, ou voir le monde par transparence à travers une feuille de papier de soie.

En regardant dans un tube en carton on peut apercevoir une petite partie de la pièce.

## LE BRUIT DU SERPENTIN

Les serpentins en papier voltigent dans le vent. Ils dessinent d'étranges formes mouvantes, en faisant une musique très gaie.

## LA LETTRE QUI BRUIT

Pour écrire des lettres bruissantes,
Je prends une grande feuille de papier
je la froisse, je la laisse tomber,
Elle bruit à mon oreille, et bientôt,
me dit ce qui est écrit, mot pour mot.

À moi, elle me dit tout.
Mais les autres doivent demander,
et je ne peux rien leur révéler,
car votre amour ne peut s'écrire,
que sur une lettre qui sait bruire.

Hans Baumann



## LE HAUT-PARLEUR

Les oreilles curieuses découvrent que la voix est plus forte quand on crie dans un tube en papier. On peut ainsi envoyer des messages importants de balcon en balcon, de jardin en jardin, de maison en maison.

## JE RUGIS...

Je rugis par la fenêtre
Ma voix est forte et bruyante
Mais tout le monde s'enfuit
Suis-je donc si effrayante ?

F.K. Waechter

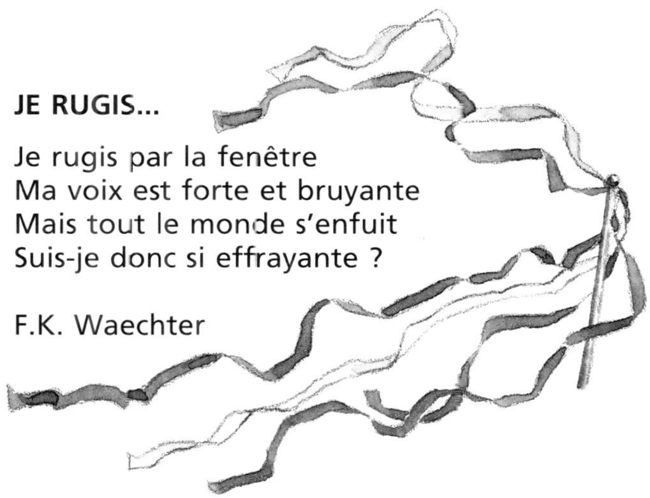

**LA DANSE DU JOURNAL**

Il suffit d'un morceau de papier journal pour s'amuser. Le papier vole dans l'air, fait des pirouettes, glisse sur le sol et attend impatiemment son compagnon de jeu, le vent...

# La feuille de papier journal

Paroles : Josef Guggenmos
Musique : Dorothée Kreusch-Jacob

2. Du bas de la rue au galop
arrive en courant, ho, ho, ho
Elle bondit, sautille et danse (danse).

3. Mais elle se fatigue et recule
Elle traîne, elle flotte, et elle ondule
Et se couche sur le pavé (pavé).

4. Elle reste couchée sans bouger
Puis, tout à coup, pour m'étonner
Elle se redresse et bondit (bondit).

5. Elle monte en flèche et se balance
exécute quelques pas de danse
se pose une fois encore (encore).

6. Elle reste là sans faire de bruit
Je veux l'attraper, elle s'enfuit
en faisant des pirouettes (pirouette)

## DES BRUITS AVEC DU PAPIER

Cette chanson peut être accompagnée d'une musique réalisée à l'aide de différents types de papier :

– Avec un élastique, on tend un morceau de papier sulfurisé sur le bout d'un tube en carton. Si on pose doucement la bouche contre la surface du papier et que l'on chante la mélodie, on croirait entendre souffler dans un saxophone !

– Pour marquer le rythme, on peut tambouriner sur un carton ou un baril de lessive.

– On peut aussi fabriquer un instrument de musique avec un morceau de carton ondulé. Il suffit de griffer la surface du carton avec les ongles ou avec un morceau de bois.

– On fixe un morceau de papier de verre ou de toile émeri sur deux cubes de bois. En les frottant l'un contre l'autre, on obtient un son qui rappelle certaines musiques sud-américaines.

## Une petite musique de cuisine

Il fait encore mauvais aujourdhui ? Ça ne fait rien, nous allons faire de la musique dans la cuisine. Pour les concerts de cuisine, on utilise tous les ustensiles : les casseroles et les moules à gâteaux, les gobelets, la passoire et les cuillères en bois. Les cuillères à café ne restent pas non plus dans le tiroir à couverts !

Quel bruit font deux couvercles qui s'entrechoquent ? Pourquoi ne pas faire courir une bille dans l'évier ou agiter des capsules de bouteilles dans la passoire ? On peut peut-être aussi frotter une cuillère à soupe contre la râpe, ou faire des castagnettes avec deux cuillères à café. Les sons métalliques sont les plus forts, mais tous les bruits sont intéressants.

L'enfant se sert aussi de ses yeux pour tester et expérimenter de nouveaux sons. Il découvre que les ustensiles de cuisine ressemblent souvent à des poupées.

Ainsi, le batteur à œufs devient une jolie danseuse qui tourbillonne gracieusement et chante une belle chanson de cuisine avec ses cordes vocales argentées.

Isabelle, musicienne de cuisine, fait tinter sa clochette. C'est une demi- boule à thé sur laquelle elle frappe avec une tige métallique. Raphaël pince les cordes de son tranche-œufs pour faire une jolie musique d'accompagnement.

# Cuis, cuis, soufflé

Paroles : Nortrud Boge-Erli
Musique : air populaire

# Idées de jeux

### *Pour les enfants de 2 à 8 ans*

Dans ce chapitre, il ne nous a pas semblé nécessaire de classer les jeux par tranche d'âge.

Même les très jeunes enfants peuvent faire des expériences intéressantes avec divers matériaux. L'important est qu'ils le fassent tout seuls. Quelque soit leur formation musicale, tous les enfants, même les plus âgés, devront répéter ces expériences de base, pour mieux comprendre certaines notions fondamentales.

Les jeux proposés ici sont très simples. Pourtant, pour diverses raisons, beaucoup d'enfants n'ont pas souvent l'occasion de faire ce type d'expériences. Nous vivons en effet dans un monde aseptisé, où l'on oublie l'intérêt des matières premières, considérées comme des déchets, et où l'on privilégie les jouets tout faits. En outre, les adultes sont souvent obnubilés par des objectifs pédagogiques liés à l'enseignement.

Revenons à des jeux tout simples et pourtant essentiels. Il faut très peu de matériel. On n'a besoin ni d'instruments coûteux ni d'un local particulier. Les jeux individuels comme les activités de groupe auront lieu dans la cuisine, le grenier ou le jardin.

Pour réussir ces jeux, l'adulte devra faire preuve de patience et d'un peu d'imagination. Peut-être certains adultes réapprendront-ils aussi à écouter les petits bruits ambiants, comme la musique ininterrompue de la pluie qui tombe.

## DEVINETTE À TÂTONS

On a posé des cailloux, des billes de verre, des vis, des gommes, des châtaignes, etc, sur la table. Les yeux fermés, l'enfant doit distinguer ces objets en les palpant avec ses mains, et les nommer à voix haute. Il les classe ensuite par catégorie.

## LE SACHET-SURPRISE DES BRUITS

Chaque enfant remplit un sachet en papier de petits objets (du même type). On ferme les sacs avec un élastique et on les fait circuler. Chacun secoue le sachet et écoute. Qui retrouvera son sachet le premier ?

## DEVINETTE DES MARACAS

Remplissez des boîtes (toutes semblables) avec divers petits objets du même type. On peut ainsi jouer aux devinettes. Comme pour un jeu de cartes, on mélange les boîtes. Qui peut reconnaître son maracas au bruit qu'il fait ?

**DU MURMURE AU VACARME ET VICE-VERSA**

On peut classer des boîtes remplies d'objets selon leur intensité sonore. Les enfants sont assis en cercle et ils secouent leur maracas l'un après l'autre. Ils écoutent attentivement les bruits qui deviennent plus forts, puis s'affaiblissent. On peut faire circuler les maracas pour que chacun puisse les essayer tous, à tour de rôle. Le mieux est de fermer les yeux. Si on classe les maracas de la plus grave à la plus aiguë, on peut jouer une vraie mélodie. La mélodie fait le tour du cercle, et tout le monde participe.

**JE SAIS FAIRE DE LA MAGIE !**

Un clown pose trois planchettes de bois sur ses jambes. Avec deux cuillères, il peut inventer une foule de chansons à trois, et même quatre notes s'il tape sur ses jambes. Combien de chansons exactement ? On ne peut le savoir que si on se transforme en instrument de musique.

**MONTREZ VOS NOTES !**

Les enfants peuvent construire une gamme avec des bouteilles d'eau plus ou moins pleines. Il faut faire très attention aux différences de timbre. Plus il y a d'eau, plus le son est grave.

Tous les enfants se mettent en rang, avec leur bouteille. Quand on joue toutes les notes en frappant chacun son tour sur sa bouteille, on entend une mélodie.

**LE KALÉÏDOSCOPE DE NOTES**

Quand on joue avec un kaléïdoscope, on obtient une multitude d'images différentes. De la même manière, on peut aussi transformer les mélodies. Au signal, chaque enfant change de place avec sa bouteille. Toutes les « notes » se déplacent. On obtient ainsi une nouvelle mélodie.

**UN ORGUE AVEC DES VERRES**

Au lieu de notes brèves, on peut faire un superbe concert de notes qui résonnent. On remplit les verres à pied avec plus ou moins d'eau. En frottant le bord des verres avec un doigt mouillé, on obtient un son long et vibrant. Les enfants commencent par jouer seul, puis l'un après l'autre. Un concert de verres d'eau !

# FABRIQUER SES INSTRUMENTS

## Cithares, crécelles et planches à grelots

À mesure qu'il grandit, l'enfant a de plus en plus besoin de jouer avec les matériaux et de les expérimenter tout seul, librement, sans le concours des adultes. Ces expériences contribuent au développement de l'enfant qui, à l'aide des matériaux dont il dispose, crée tous les objets que son imagination lui suggère. Il découvre des timbres, des bruits et des sons qu'il a envie de réentendre et de reproduire. Il cherche à les modifier ou à les combiner à d'autres bruits. C'est de là que vient son désir d'avoir un « instrument de musique » à lui.

Il réalisera cet instrument avec du carton, du plastique, du bois ou du fer blanc.

La fabrication collective d'un instrument de musique a l'avantage d'initier l'enfant au travail d'équipe. Avec son instrument, l'enfant fait ses premiers pas dans le monde de la musique. Il apprend à écouter, mais aussi à respecter et à accepter certaines règles de jeu. Il est évident que la durée de vie des instruments de musique construits par les enfants n'est pas très longue. Mais c'est sans importance puisqu'ils sont faits pour être malmenés. Contrairement aux instruments achetés dans le commerce, l'intérêt de ces jouets est précisément le travail de fabrication, qui permet à votre enfant de faire des expériences manuelles, acoustiques, physiques et musicales importantes.

# Atelier Musical

***En famille et avec des groupes d'enfants***

Tout le monde connait le roman d'Agatha Christie intitulé « Dix petits nègres ». Le nombre de personnages diminue progressivement jusqu'à ce qu'il n'en reste qu'un. Cette fin très triste peut être le début d'une chanson. Elle commence avec un seul petit musicien qui se cherche un ami.

Et comme en musique plus on est de fous, plus on rit... il y a dix musiciens à la fin de la chanson.

Strophe après strophe, on voit se constituer un orchestre de plus en plus bruyant et animé. Il faut noter que tous les musiciens ont construit eux-mêmes leur instrument.

# 10 petits musiciens

Paroles et musique :
Dorothée Kreusch-Jacob

1. Un petit musicien
qui se sentait très seul
chanta un air par la fenêtre
et ils furent soudain deux.

2. Deux petits musiciens
dirent : « qui joue avec nous ? »
Victor* apporta sa crécelle
et ils furent soudain trois.

3. Trois petits musiciens
qui jouaient tous aux cartes
(...)* portait une planche à clous
et ils devinrent quatre.

4. Quatre petits musiciens
qui jouaient dans la plaine
(...)* joue très bien d'la guitare
mais on l'entend à peine.

5. Cinq petits musiciens
qui couraient dans le bois.
Qui secoue si fort ses grelots ?
On peut l'entendre d'en bas.

6. Six petits musiciens
se promènent dans le bourg
Ils rencontrèrent (...)*
qui jouait du tambour.

7. Sept petits musiciens
qui jouaient dans la nuit
(...)* les a entendus
et soudain ils furent huit.

8. Huit petits musiciens
étaient tous très joyeux,
(...)* a pris son xylophone.
Soudain ils étaient neuf.

9. Neuf petits musiciens
qu'on peut entendre rire
Veux-tu participer aussi ?
Enfin nous serons dix.

*On choisira au fil de la chanson différents prénoms d'enfant.

**TROMPETTE EN PAPIER**

On enroule une feuille de journal et on souffle dans la trompette.

**TROMPETTE EN CAOUTCHOUC**

Cette trompette est fabriquée à partir d'un tuyau en caoutchouc. Soufflez très fort comme si vous vouliez envoyer des noyaux de cerises. On peut aussi coller un entonnoir au bout du tuyau avec du ruban adhésif.

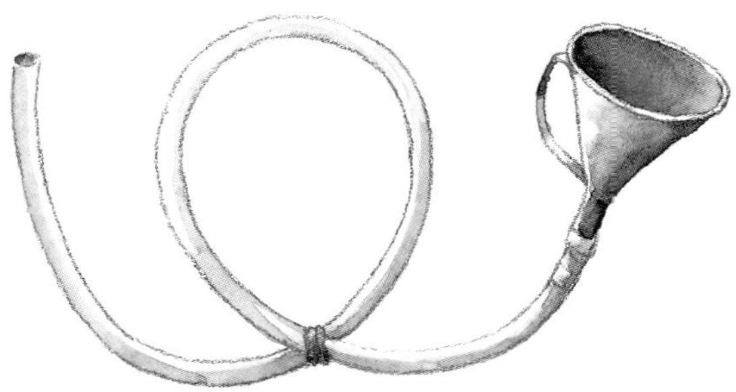

**CRÉCELLE**

On enfile des capsules de bouteilles sur un fil, et on attache ce fil entre les deux fourches d'une branche. C'est tout !

## PLANCHE À CLOUS

Plantez des clous de tailles différentes sur une planche de bois. Pour la caisse de résonance, fixez une boîte en bois sous la planche (avec de la colle ou des vis). Pour faire de la musique, il suffit de faire vibrer les clous en les frappant avec un autre clou. On obtient des timbres différents selon la longueur des clous.

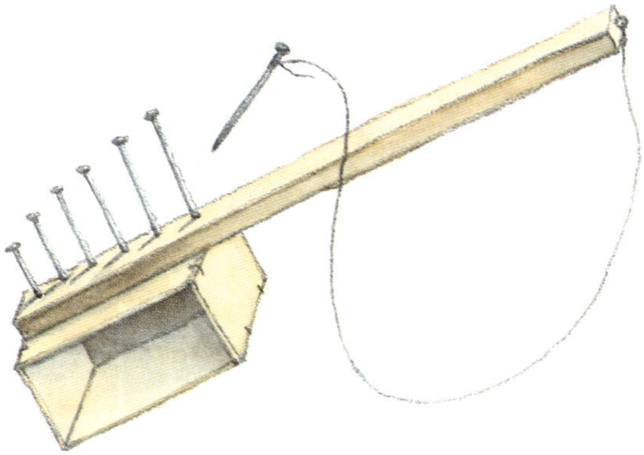



## GUITARE

Tendez deux fils de nylon entre les deux extrémités d'un cintre en bois. Fixez ensuite une boîte de conserve ou un coffret en bois sous les fils, pour servir de caisse de résonance. Collez un triangle de bois sur la caisse de résonance. La guitare-cintre est terminée !

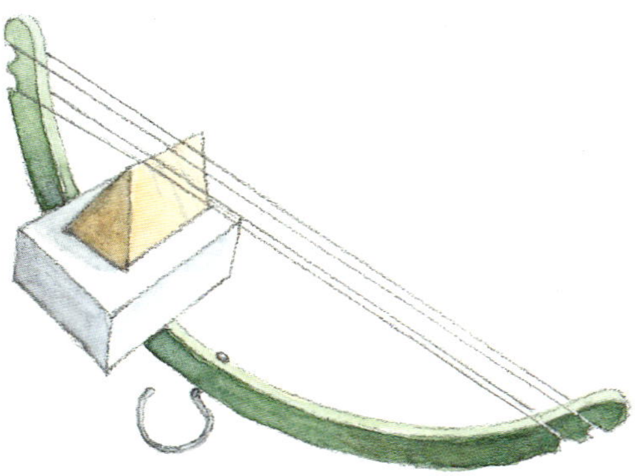

## PLANCHETTE À GRELOTS

Avec des gros clous, percez des capsules de bouteilles et des rondelles métalliques de tailles différentes, et fixez-les sur une planche avec des clous plus fins. Secouez énergiquement la planchette, comme un tambourin !

## UN TAMBOUR

On peut coincer un baril de lessive vide sous son bras et frapper dessus avec la main ou avec une cuillère en bois. Si on place une poignée de cailloux dans le baril, on obtient en plus un son de crécelle.

## UNE FLÛTE DE PAN

Disposez des petits tubes de différentes longueurs (corps de stylos feutres par exemple) par ordre de taille, et attachez-les avec de la ficelle. Soufflez sur le bord supérieur. Plus le tube est long, plus le son est grave, plus il est court, plus le son est aigu.

**LE XYLOPHONE**

Découpez huit entailles dans un carton à chaussures de façon à pouvoir y insérer au moins quatre lamelles de bois de longueurs différentes. Pour empêcher les planchettes de bouger, entourez-les avec des élastiques. Comme pour la flûte de Pan, plus les planchettes sont courtes, plus le son est aigu.

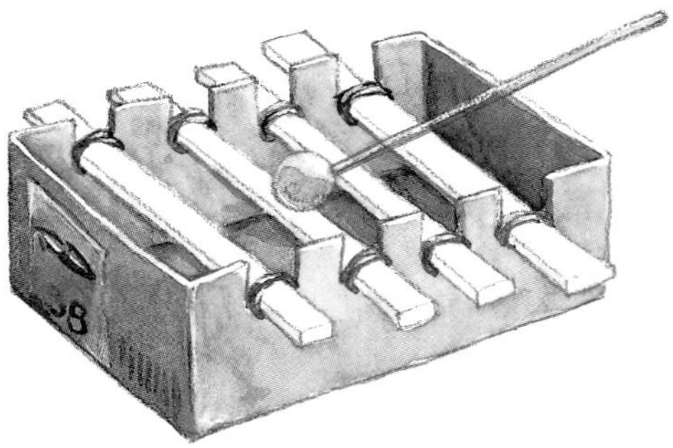

**LA ROUE À GRELOTS**

Le dixième musicien s'est fabriqué un très joli instrument de musique. Il a attaché des grelots aux rayons d'une roue de bicyclette. On peut secouer cet instrument ou le faire rouler à l'aide d'une baguette.

## Un concert de table

Les instruments que l'on construit et dont on joue soi-même peuvent égayer les après-midi pluvieux. On peut s'amuser avec les objets dont on dispose. La table a la taille idéale pour permettre à plusieurs enfants de jouer en même temps. Dès qu'on a débarrassé le couvert du déjeuner, on dispose d'une table musicale. Il nous faut cependant quelques accessoires :
– 1 rouleau de ficelle (ou de ruban de bolduc),
– des boîtes (des cartons ou des rouleaux en carton).
Pour fabriquer cet instrument, on tend la ficelle en travers de la table, comme les cordes d'une cithare. Pour que les cordes soient bien tendues, on glisse les boîtes entre les ficelles et la table. On obtient ainsi un instrument à cordes en un tournemain. Comment en joue-t-on ?

Deux enfants s'assoient l'un en face de l'autre et pincent la même corde, divisée en deux parties par la boîte. Qui obtient le son le plus aigu ? Tout dépend de la longueur de la corde. En faisant glisser la boîte le long de la ficelle, les deux joueurs produisent des sons différents. Et, comme s'ils jouaient au ping-pong, ils peuvent se renvoyer des notes de musique.

Chaque bruit, chaque timbre, répond au son précédent. On peut ainsi « converser » avec son partenaire. Plus il y a de joueurs (et de cordes), et plus le concert est riche, surprenant et varié. On peut par exemple jouer chacun une note à tour de rôle. On peut aussi écouter comment les sons zigzaguent et rebondissent d'un côté à l'autre de la table.

On obtient ainsi une infinité de mélodies, de rythmes et de formes musicales. On peut aussi jouer tous à la fois sur notre table musicale. Quel bruit ça fait quand tous les sons se mélangent ? Quelle musique entend-on quand un côté de la table répond à l'autre côté ?

Après les essais et les expériences, tout est redevenu silencieux. Lucie a fait une découverte importante. Lorsqu'elle pince sa corde, elle laisse le bout de son doigt sur la ficelle qui continue à vibrer. « Ça chatouille » dit Lucie en riant. Avec ses mains, elle a découvert que les bruits sont créés par les vibrations. Ce qui vibre émet un son ! Et si vous ne le croyez pas, vous pouvez aussi le vérifier avec vos yeux.

## L'île musicale de Robinson

Julien joue à Robinson, son père est Vendredi. Ils se promènent sur une presqu'île. Sur l'île de Robinson, il n'y a personne, seulement des pierres et des morceaux de bois flottants et, sur l'autre rive, des roseaux épais et un petit bois.

« Comment est née la musique ? » demande Robinson en trempant ses pieds dans l'eau. Comment faisaient les gens qui n'avaient que leurs yeux, leurs oreilles, leurs mains, leur voix, et la nature qui les entourait. Robinson et son père se mettent à la recherche de la musique. À quoi pouvaient bien ressembler les premiers instruments de musique ?

### SIFFLER DANS UNE HERBE



L'herbe est l'instrument à vent le plus simple. On tend le brin d'herbe entre ses deux pouces et on souffle très fort. Ça ressemble un peu au cri du perroquet ou au chant du coq.

### L'ARC MUSICAL

Dans le petit bois, Robinson et Vendredi coupent des branches souples et solides. Ils tendent une ficelle et fabriquent un arc. « Au lieu de tirer à l'arc, nous allons faire de la musique », dit Vendredi. En effet, si on place la corde tendue près de son oreille et si on la pince, on entend un petit bruit. On peut obtenir des notes différentes selon qu'on allonge l'arc ou qu'on le plie, de façon à modifier la tension de la corde.

Les bruits sont plus forts si on place l'arc sur sa tête, sa poitrine, ou sur son ventre. Notre corps sert alors d'amplificateur sonore. « C'est un ancêtre lointain de nos instruments à cordes d'aujourd'hui » dit Vendredi.

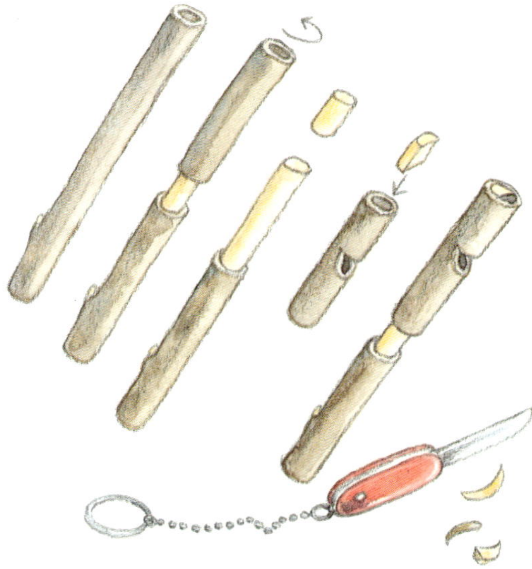

sur le bord supérieur. Découpez un petit morceau de bois et taillez-le de manière à obtenir une surface plate. Cette petite pièce sert d'embouchure. Insérez-la délicatement dans le tube en écorce. Replacez ensuite l'autre morceau de bois sur le tube en écorce et faites-le glisser doucement de haut en bas. Le sifflet est terminé.

On peut obtenir des notes différentes en faisant glisser la partie inférieure du sifflet. Avec deux sifflets en osier, on peut faire une vraie conversation musicale !

**SIFFLETS EN OSIER**

Quelle chance que Vendredi ait appris, quand il était petit garçon, comment on fait des sifflets en roseau. Pour les fabriquer, il suffit d'un petit couteau de poche.

Coupez un morceau d'osier de la longueur du doigt. Enlevez ensuite l'écorce, sans la casser, en donnant des petits coups avec le dos de la lame du couteau. Avant d'arracher complètement l'écorce, faites une petite entaille

**LA CITHARE-RADEAU**

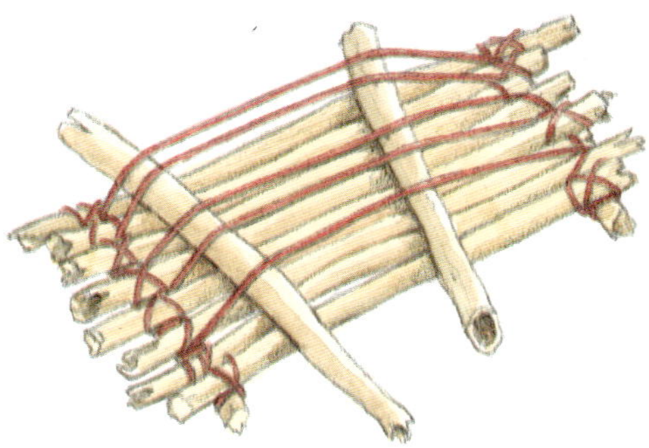

Heureusement que Robinson a toujours quelques élastiques dans sa poche, et puis de la ficelle... Il se fabrique un petit radeau en attachant des brindilles sèches avec la ficelle.
Puis il tend les élastiques sur le radeau, pour faire les cordes de l'instrument. En glissant deux morceaux de bois sous les cordes, on peut les tendre encore plus fort, ou bien les faire vibrer librement. La cithare-radeau vient d'Afrique et on peut en tirer des sons très légers et très beaux.

**LA BAGUETTE À PLUIE**

On attache un morceau de branche sur une ficelle. Le père de Robinson fait tournoyer la branche au-dessus de sa tête. Robinson se met à l'abri ! En effet, on entend des bruits, des sifflements, des sons étranges et mystérieux. Avec un engin pareil, on va encore faire venir la pluie aujourd'hui. Robinson regarde le ciel. « Je pense que nous devrions rentrer, ta baguette à pluie à l'air de fonctionner. »

# Idées de jeux par tranche d'âge

***Pour les enfants à partir de 2 ans***

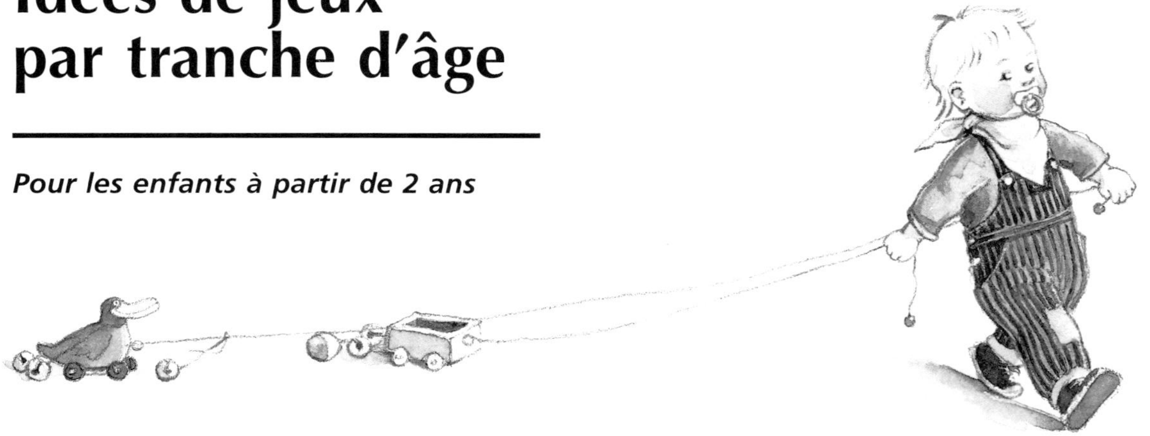

Les enfants de cet âge adorent danser et remuer en tenant à la main un objet qui tinte.
Avec l'aide d'un adulte ou d'un enfant plus âgé, ils peuvent fabriquer des jouets sonores très simples. Les activités suivantes sont parfaitement adaptées aux jeunes enfants et les aident à progresser et à se développer.

### INSTRUMENTS À FAIRE ROULER

L'enfant peut remplir des tubes en carton, des boîtes de conserve, ou des ballons de baudruche avec des petits objets, des billes, des gommes, des cailloux, des clochettes ou des grelots par exemple. Il agite ce jouet et le fait rouler sur le sol.

### LA DANSE DU MARACAS

Les petits enfants adorent danser avec un instrument à la main, de façon à pouvoir entendre chacun de leurs mouvements. Le mieux est de leur donner un petit maracas confectionné à partir de boîtes d'allumettes ou de pellicules photo remplies de petits objets. Les boîtes sont trop petites pour que votre enfant puisse se blesser.

### LES OBJETS À TRAÎNER

Attachez des grelots, des boules ou des morceaux de bois aux jouets à traîner. Le jouet fait encore plus de bruit sur le bois et la pierre.

### LE MOBILE MUSICAL

Sur une roue de bicyclette, suspendez des petits objets comme des tiges de bambou, des capsules de bouteille, des grelots ou des tubes de métal par exemple.
L'enfant n'a qu'à tendre les bras pour les attraper et les faire tinter.

### JE CHANTE - TU JOUES

L'enfant a souvent du mal à chanter et à danser. Sa mère peut l'accompagner avec des maracas ou taper dans ses mains pendant que son père chante. Ils échangent ensuite leurs rôles.

### LES TAMBOURINS À CHEVILLES

Enfilez des grelots, des anneaux métalliques ou des boutons sur un ruban élastique. Le tambourin de l'ourson dansant est terminé !

# Je suis un ourson dansant

Paroles et musique :
comptine ancienne
et Dorothée Kreusch-Jacob

2. Nous sommes deux oursons dansants
Nous vivons en forêt
Nous voulions trouver un ami,
Nous l'avons rencontré !

*Refrain :*
Viens mon ami, danse avec moi,
Moi, je danse toujours nu-pieds !
Nous sommes trois oursons dansants
Nous vivons en forêt.

*Pour les enfants à partir de 4 ans*

À partir de quatre ans, les enfants peuvent fabriquer eux-mêmes ces instruments de musique avec l'aide d'un adulte. À cet âge, la plupart sont déjà assez adroits pour utiliser certains outils faciles à manipuler. Fier de son travail, l'enfant veut « s'écouter jouer » de son instrument. Vous trouverez ici quelques suggestions pour jouer et chanter en s'accompagnant de ces instruments « maison ».

## LE LANGAGE DU TAMBOUR

Tous les enfants sont assis en cercle et jouent un court message sur leurs instruments. En faisant des clins d'œil, un enfant désigne son interlocuteur qui doit alors lui répondre.

## LA JUNGLE DANGEREUSE

Tous les enfants sont répartis dans la pièce avec leur instrument. Un enfant doit traverser « la jungle » les yeux fermés, et se guider en écoutant attentivement les bruits. S'il s'approche trop près d'un joueur, on entend les bruits les plus étranges. S'il bouscule un animal, il se fait mordre. Quand il a réussi à trouver son chemin dans la jungle, c'est le tour d'un autre enfant.

## LE CHANT DE LA FORÊT VIERGE

Pour cette chanson, on joue de tous les instruments en même temps. Le chef de tribu chante le premier, et les autres lui répondent à l'aide de leur instrument. À la fin de la chanson, on entend le bourdonnement de la forêt vierge, le cri d'un perroquet, le sifflement d'un serpent et le hurlement d'un loup.

# Comptine africaine

D'après une chanson folklorique africaine
Paroles et musique : Dorothée Kreusch-Jacob

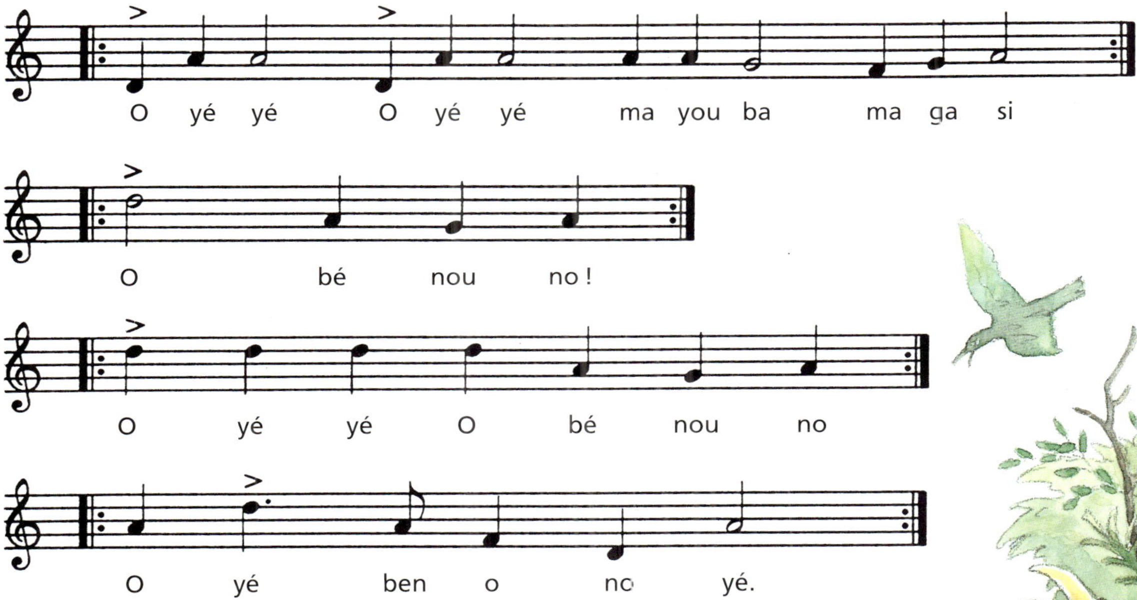

***Pour les enfants à partir de 5 ans***

Un enfant de cinq ans sait très bien tirer parti des ses talents manuels et de son imagination. Il sait comment utiliser une planche, une boîte en carton ou un tiroir pour construire « son » instrument de musique. Il lui appartient, à lui seul, de décider de la forme et de la couleur qu'il souhaite lui donner.

## SORTIR DE L'ORCHESTRE

La plus jolie des musiques perd de son charme quand elle dure trop longtemps. Le jeu de l'orchestre s'arrête de lui même quand tous les enfants, passionnés par le bruit, jouent tous en même temps. L'enfant essaie d'imaginer des règles qui lui permettent de sortir du groupe quand il en a envie.

## LE CHEF D'ORCHESTRE

On désigne le chef d'orchestre dès le début du jeu. L'enfant est prêt à exécuter les ordres d'un autre joueur, à condition bien sûr qu'il puisse ensuite, à son tour, être chef d'orchestre. Mais pour l'instant, il faut obéir au chef d'orchestre et ne jouer que si on en a reçu l'ordre. Chaque chef d'orchestre doit trouver sa place au sein du groupe et démontrer ses talents de créativité.

## LE CERCLE MUSICAL

Le petit chef d'orchestre se tient debout au centre du cercle, et dirige les musiciens en faisant des signes avec ses bras et ses mains. On joue de la musique à droite, puis à gauche. Parfois, seul un petit groupe joue. De cette façon, on obtient différentes tonalités musicales.

## Instruments à cordes pincées

Monocorde avec une traverse mobile

Cithare_tiroir

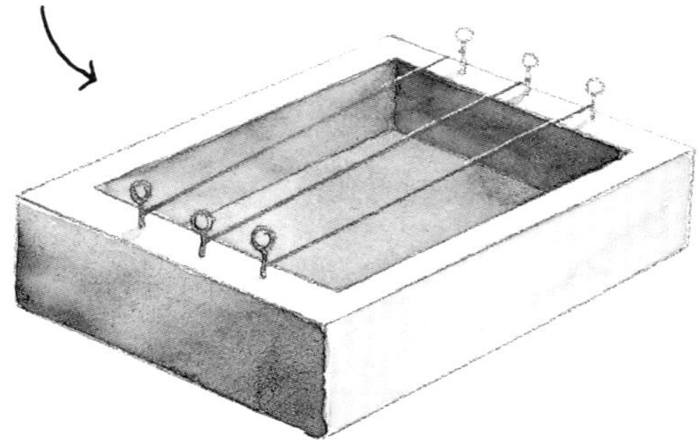

Cithare tubulaire réalisée avec un morceau de carton

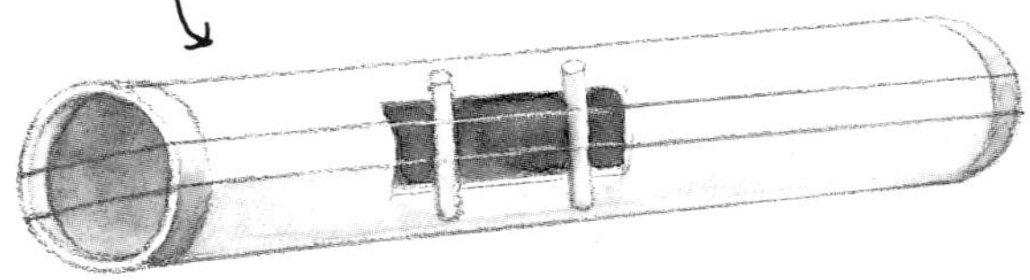

Fil plastique

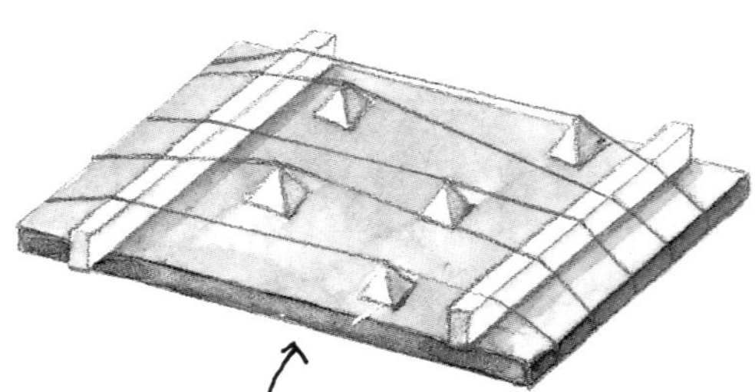

Cithare réalisée avec une planche

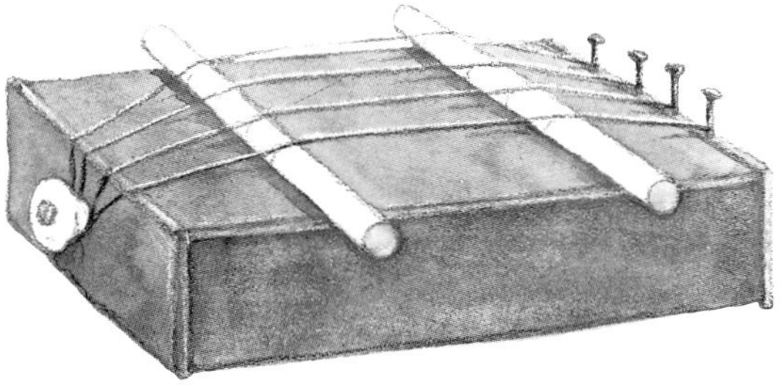

Tympanon – tiroir

## MOTIFS MUSICAUX

Tous les enfants jouent en même temps. Le chef d'orchestre, au centre, pointe le doigt dans une certaine direction. Les musiciens qu'il a désignés continuent à jouer. Tous les autres s'immobilisent. C'est comme si on créait de nouveaux motifs sur un tapis.

## QUI EST MON AMI ?

Tous les musiciens sont assis en cercle, un enfant se cherche un ami en jouant de son instrument. Qui va-t-il trouver ? Quelqu'un dont l'instrument fait le même bruit que lui, ou bien un bruit différent ? Les deux musiciens dialoguent, s'écoutent l'un l'autre, se disent quelque chose de drôle ou d'important. Après cette « conversation », l'autre joueur se cherche à son tour un ami dans l'orchestre.

## L'IMAGE MUSICALE

Chaque instrument a un timbre particulier et distinctif selon le matériau dont il est composé, et suivant la façon dont on en joue. En traçant des signes sur le papier, on peut illustrer visuellement ce que les oreilles perçoivent. Les bruits courts ou longs, aigus ou graves, forts ou discrets sont représentés par des points, des traits, des courbes et des couleurs différentes.

## C'EST MOI LE PLUS GRAND !

Tous les enfants jouent de leur instrument en se déplaçant dans la pièce, au centre de laquelle on a placé une chaise. Quand un enfant monte sur une chaise et joue de son instrument, tout le monde est silencieux. On reste debout à écouter le « soliste ». Quand il a fini de jouer, il descend de la chaise et les autres musiciens recommencent à faire de la musique.

## LES NOMS MUSICAUX

Les instruments de musique que l'on fabrique soi-même sont si originaux qu'on a envie de leur donner un nom. Comment pourrait-on les appeler ? Quand on n'a pas d'idée, il suffit d'écouter : les instruments ont leur langage à eux. Si on parvient à comprendre ce langage, on peut deviner le nom de chaque instrument.

# LES INSTRUMENTS CLASSIQUES

## Les enfants découvrent les instruments de musique

Votre enfant peut faire des découvertes et des expériences musicales avec tous les instruments de musique dont il dispose.
Ainsi, la trompette tonitruante de papa, le petit harmonica, ou le piano qui trône dans le salon jouent un rôle très important, ils excitent la curiosité musicale de l'enfant qui a envie de jouer, de découvrir et d'expérimenter en toute liberté. En tant que parent ou éducateur, vous pouvez aider l'enfant à acquérir certaines notions musicales fondamentales bien avant de confier son éducation musicale à un professeur.
Il ne s'agit pas d' exercices ou d'apprentissage systématique. Avant d'envisager d'étudier la musique, chaque enfant doit avoir eu l'occasion de se familiariser avec les instruments de musique des grands. Il s'amuse avec ce matériel, s'intéresse aux bruits qu'il produit et développe des techniques de jeu tout à fait libres. En encourageant cette approche imaginative et en familiarisant l'enfant avec un très grand nombre d'instruments de musique, on lui permet de découvrir celui qui lui convient le mieux et dont il apprendra peut-être un jour à jouer.

Enfin, et surtout, nous adultes avons beaucoup à apprendre de nos enfants. Grâce aux jeux proposés ici, nous verrons peut-être certains instruments sous un nouveau jour.

## Atelier Musical

***En famille et avec des groupes d'enfants***

### « Joue avec moi » dit le piano

Cette histoire a été imaginée pour favoriser une approche imaginative des instruments de musique.
Il était une fois un piano qui voulait entendre une musique tout à fait différente. « Clingclang-clongclongclong, joue encore avec moi, mais oublie les notes, joue simplement ce qui te passe par la tête » dit-il à Lisa. Tout étonnée, Lisa ouvrit de grands yeux, car elle ne connaissait que les exercices de piano qu'elle devait faire tous les jours.

« Regarde donc de quoi j'ai l'air à l'intérieur ! Tu vois des cordes fines, et d'autres plus grosses. Quand on joue, les petits marteaux viennent frapper sur ces cordes. Suis les cordes avec ton doigt. Tu ne trouves pas que ça fait un joli bruit de harpe ? » dit le piano. « Si tu appuies maintenant sur ma pédale droite avec ton pied, toutes les notes ruissellent. Ça ressemble au bruit de l'eau ou du vent, fort et doux, clair et argenté, grave et menaçant comme le grondement du tonnerre au loin. Tu entends ? Pose ta main sur mes cordes et sens comme elles vibrent. Pince maintenant les cordes une par une, du bout des doigts. On dirait le bruit de la pluie. Pince-les de plus en plus vite.
Coince ta gomme entre deux cordes ou glisse une feuille de papier ou une bande de tissu entre les cordes. Appuie maintenant sur les touches qui correspondent aux cordes. Tu reconnaîtras à peine les notes !
Balance un collier de perles de bois sur les cordes. Quand tu appuies sur la pédale, les notes résonnent longtemps.
Avec deux cuillères en bois enveloppées dans des chaussettes de laine, tu peux créer de nouveaux sons.
Et maintenant, mes touches... Si tu y poses la main, peux-tu la laisser glisser de droite à gauche, et de gauche à droite en appuyant sur la pédale. Tu sens les touches ?
Ferme les yeux, et avec les doigts, cherche des notes qui vont bien ensemble. Continue à jouer lentement pour faire un thème musical. Plus tu joues doucement, plus c'est joli.
Crie ton prénom dans ma caisse de résonance, très fort, puis plus bas. Écoute attentivement le dernier cri jusqu'à ce qu'il s'évanouisse.

## PIMPRENELLE

C'est Pimprenelle la marmotte
celle qui a toujours la bougeotte.

Elle se promène, regarde-la
sur le piano, de-ci de-là.

Cling clang, cling clang,
avec ses bottes.
Elle joue, pling plong,
un air sans notes.

Elle saute, s'agite et court partout
Et ferme le piano d'un seul coup.

C'est Pimprenelle la marmotte
Celle qui a toujours la bougeotte.

Wolfgang Menzel

## QUAND MONSIEUR XYLOPHONE RIT

Il était une fois un vieux xylophone qui gisait, endormi et oublié, sous le lit d'une chambre d'enfant. Il lui manquait plusieurs notes, et il ne pouvait plus inviter les gens à venir le regarder et l'écouter. Mais une nuit, quelqu'un le réveilla en sursaut. Cela se passait à l'époque où les objets parlaient. « Monsieur Xylophone, s'il vous plaît ! » lui dit une voix fluette. Surpris et confus, Monsieur Xylophone fit vibrer les quatre notes qui lui restaient, et ouvrit les yeux. Devant lui, se tenait la mince Mademoiselle Flûte qui lui souriait. « Monsieur Tambour nous invite à danser, Monsieur Violon et Madame Toupie joueront de la musique. S'il vous plaît, venez vous amuser avec nous... »

Les instruments qui parlent et qui dansent n'existent bien sûr que dans les contes et dans notre imagination. La rencontre avec le xylophone nous a rappelé une petite histoire. Pour pouvoir la jouer et en raconter la suite, nous transformons Monsieur Xylophone en bonhomme. À quoi ressemble-t-il ? Pour le fabriquer, nous nous sommes inspirés d'un vrai xylophone.

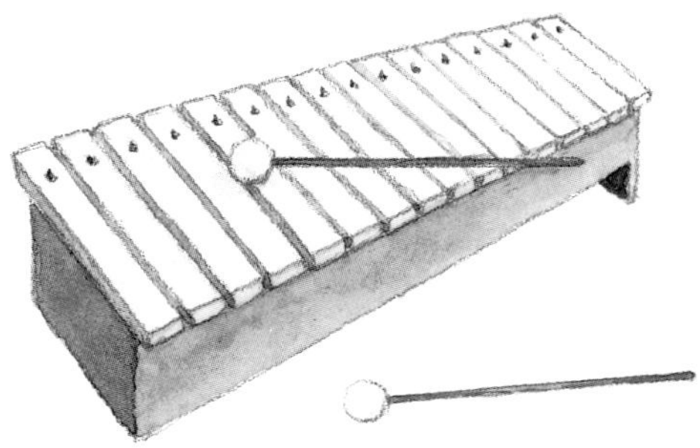

## UN BONHOMME À MUSIQUE

Notre bonhomme ressemblera donc à un vrai xylophone. On dispose des lattes de bois de différentes longueurs sur une caisse de résonance en bois. On entend nettement que les sons dépendent de la taille des lattes. Percer chaque latte et les fixer sur la caisse en bois avec des clous. Pour que les lattes sonnent encore mieux, les poser sur un morceau de feutre.

Monsieur Xylophone, construit avec l'aide d'un frère ou d'une sœur plus âgés, n'est pas en bois noble comme les vrais xylophones.

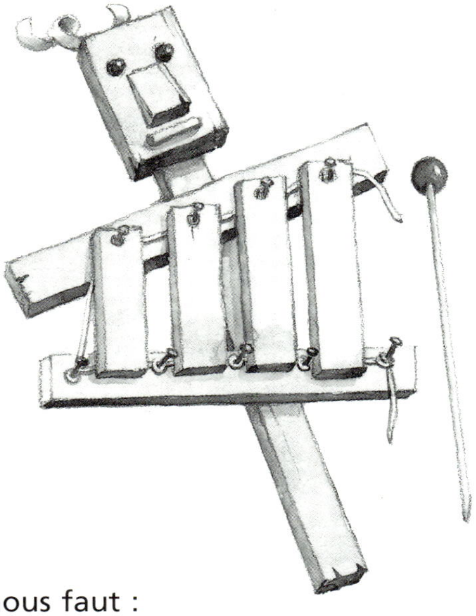

Il nous faut :

- des petites planches en bois
- 12 petits clous
- une grosse perle en bois et une baguette.

On procède de la façon suivante :
Coller ou clouer 2 planchettes (environ 30 cm) sur une planche en bois, celle du dessus horizontalement, l'autre en biais. Planter quatre clous sur la planchette du haut. Percer un trou à l'extrémité de chaque latte de bois. Les trous doivent être plus gros que les têtes des clous. Suspendre enfin les lattes de bois verticalement sur les clous.

Pour empêcher les lattes de bouger, planter un clou en bas, entre chacune des lattes. Pour que les lattes résonnent bien, il faut les attacher avec un fil de coton solide que l'on enroule autour des clous.

La baguette : coller la perle en bois au bout d'une baguette.

Maintenant, on peut jouer avec Monsieur Xylophone. Il sait parler avec des notes de musique, ce dont les autres poupées sont bien incapables. Même si ce ne sont que quelques « mots », ils permettent pourtant d'inventer des petites mélodies, et de créer une multitude de chansons.
Et si on écoute attentivement, on découvre que Monsieur Xylophone sait aussi sourire. Il peut émettre des sons qui ressemblent un peu à un rire. En Syrie, cet instrument de musique s'appelle « le rieur en bois » car son timbre rappelle celui du rire. Il était une fois un vieux xylophone...« S'il vous plaît, Monsieur Xylophone, vous voulez bien continuer l'histoire? »

**DEVINETTE**
**DE L'INSTRUMENT DE MUSIQUE**

« J'ai une petite tête, un long cou et un gros ventre. Mon petit pied ne me permet ni de marcher ni de sauter, et il faut donc me porter. Si on me caresse dans tous les sens, je grince et je grogne comme un ours, mais je sais aussi chanter très fort. Je n'ai pas de dents et je ne peux donc pas mordre. Peux-tu deviner mon nom? »

Devinette populaire

**LE VIOLONCELLE**

Comment s'appelle cet animal qui grogne ?
Tout étonnés, les enfants sont assis en cercle autour du violoncelle, et cherchent à faire parler l'animal. Peut-être préfère-t-il chanter une petite chanson ? Veut-il qu'on le pince ou qu'on le caresse ?

Julien essaie de tambouriner du bout des doigts sur le gros ventre en bois. Lucie regarde par les petites ouvertures sur la caisse. « Et si on laissait tomber une bille dans son ventre ? »
Et quel bruit ça fait quand on gratte les grosses cordes, sur toute leur longueur, avec les ongles ? L'animal se laisse faire gentiment, et répond en grognant et en miaulant. Mais il nous a préparé une jolie surprise : un menuet de Mozart. Le père de Julien le joue pour nous, et les enfants l'écoutent attentivement. Ils se sont déjà liés d'amitié avec l'animal musical.

# Idées de jeux par tranche d'âge

***Pour les enfants à partir de 2 ans***

Les instruments de musique dont on joue en faisant des mouvements amples avec les bras amusent toujours beaucoup les enfants de cet âge.
Parmi ces instruments, on trouve par exemple la batterie, le xylophone, et bien sûr, le piano.
Il faut cependant que les instruments supportent les démonstrations d'affection un peu brutales.

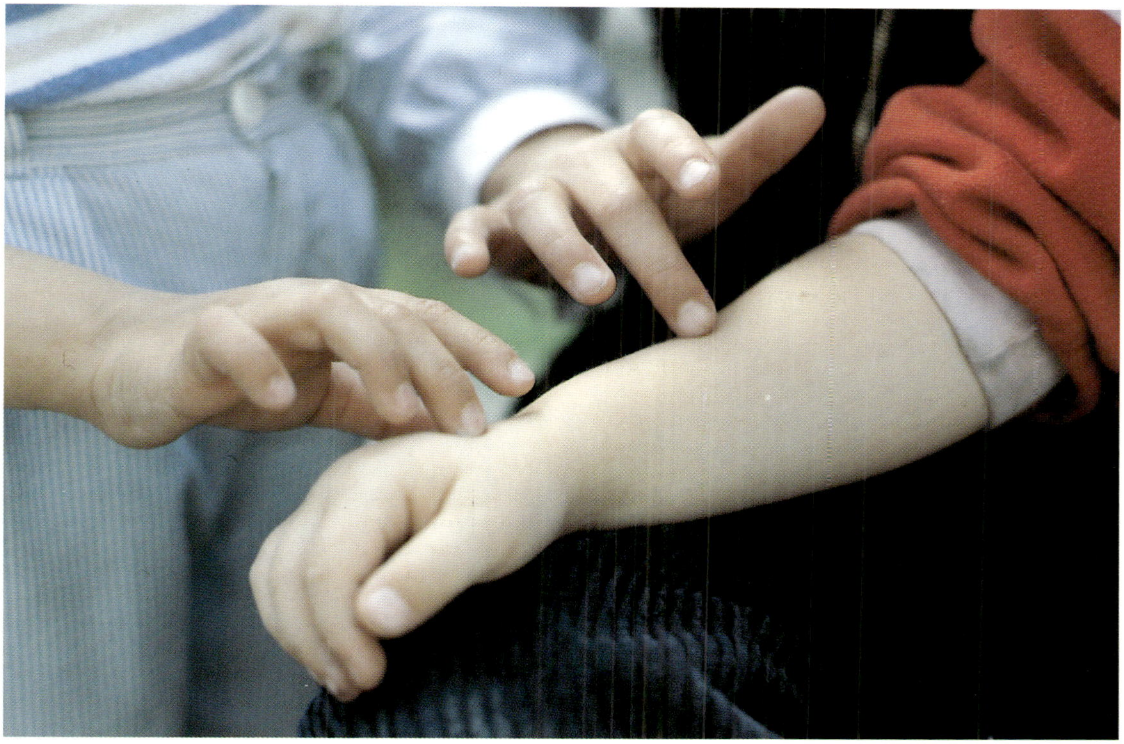



**L'OURS SE DANDINE**

L'ours se dandine sur la montagne
Il se dandine en marchant

La grenouille saute sur la montagne
Elle saute en marchant

Le chat se glisse...
La pie sautille...
Le cheval galope...

Comptine populaire

L'ours, la grenouille, le chat, la pie ou le cheval, chaque vers est accompagné d'un mouvement différent du bras, de la main, ou simplement du bout des doigts. On peut aussi faire marcher ou sauter les animaux sur le bras, la jambe ou le dos de l'enfant.

**PARLER AVEC UN INSTRUMENT DE MUSIQUE**

On peut jouer cette comptine sur un tambour, une grosse caisse ou un tambourin. Quel son obtient-on ?
Avec les instruments à plusieurs notes, les pianos, le jeu de clochettes ou les xylophones par exemple, votre enfant peut aussi imiter le bruit que fait chaque animal en se déplaçant.

---

***Pour les enfants à partir de 4 ans***

À cet âge, le groupe joue un rôle très important. Nous vous proposons ici quelques jeux destinés aux groupes d'enfants. Pourquoi ne pas inviter quelques camarades ?



# Je suis un petit musicien

Chanson populaire

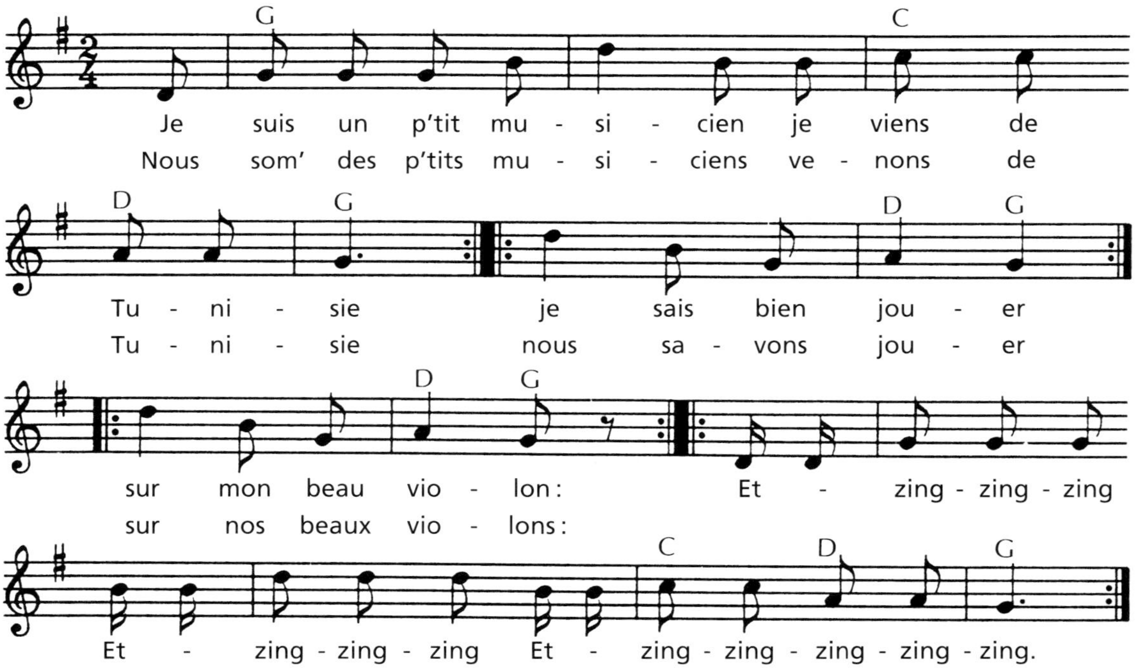

2 Je sais bien jouer de la trompette
Ta-taratata...

3 Je sais bien jouer de ma petite flûte
tuturlu-tu-tu.

4 Je sais bien jouer sur mon gros tambour plan plan ran-tan-plan.

5 Je sais bien jouer de la contrebasse
Da zoum, zoum, zoum...

## LA PANTOMIME DES MUSICIENS

Pendant que l'on chante la chanson, les enfants imitent les musiciens qui jouent de leur instrument.

## LE SORCIER ABRACADABRA

Abracadabra peut envoûter les gens avec sa musique : à peine commence-t-il à jouer de son instrument que les autres musiciens se mettent à bouger dans la pièce. Chacun « joue » d'un instrument qu'il essaie de représenter par ses gestes et sa voix. Quand la musique s'arrête, on s'immobilise jusqu'à ce qu'on entende une autre formule magique musicale et qu'on se remette à danser.



## L'INSTRUMENT DE MUSIQUE MAGIQUE

Mais Abracadabra peut encore mieux faire. Il peut ensorceler les instruments, si bien que personne n'en croit plus ses oreilles.
Si on s'imagine qu'un tambour fait le bruit d'un tambour, on sera bien étonné. Voici quelques idées tirées de la boîte à trucs musicaux. E les montrent qu'un tambour peut faire un bruit tout à fait différent :
- Si on frotte ou gratte la peau du tambour avec le doigt,

- si on frappe avec une baguette sur la caisse en bois,
- si on jette un marron sur la peau du tambour,
- si on y fait danser une petite grenouille mécanique en fer blanc,
- ou si on fait courir une bille sur le bord du tambour,
- quand une petite pièce de monnaie vibre sur le tambour pendant qu'on joue,
- ou quoi encore ?

**TU PEUX DONNER TROIS RÉPONSES !**

Le sorcier Abracadabra referme le couvercle de sa boîte à trucs. Puis, il prend son tambour magique et il le cache soigneusement derrière un grand morceau de tissu. Ses spectateurs sont-ils aussi de bons auditeurs ? Il s'agit simplement de deviner avec quoi le sorcier obtient les sons qu'il joue sur son tambour magique.
Abracadabra affirme que l'on peut faire le même tour de magie avec d'autres instruments.

***Pour les enfants à partir de 5 ans***

Si les enfants prennent contact avec les différents instruments de musique en jouant, ils auront certainement envie de « retenir » les sons et de reproduire leurs pensées avec des bruits.

Il vaut mieux choisir des instruments dont les différentes notes peuvent être facilement visualisées, comme le carillon ou le xylophone. Grâce à la disposition et à la longueur des éléments, l'enfant peut « voir » une gamme.

**SALADE DE NOTES**

Au secours ! Le xylophone est tombé par terre. Toutes les lattes sont dispersées sur le sol. Qui va remettre de l'ordre dans cette salade de notes ? (le mieux est de commencer par les ranger sur le sol par ordre de taille avant de les replacer sur la caisse). On vérifie ensuite que les espaces entre les notes sont justes.

**JE SUIS UN SON**

L'une après l'autre, on ramasse les lattes du xylophone. Chaque enfant a une latte. On fait passer un fil de couleur par le trou, pour que la latte puisse se balancer. Avec une baguette ou une cuillère à café, on frappe sur la latte. Chaque enfant avance avec sa latte.

## L'ÉCHELLE DE SONS ANIMÉE

On essaie maintenant de classer toute les lattes de la plus grave à la plus aiguë. On obtient ainsi une échelle de notes !
Le premier enfant du rang tape à tour de rôle sur chacune des lattes, avec sa baguette (ou sa cuillère). Quand il a terminé, il place la dernière latte au début de la rangée. Le second enfant continue, puis le troisième, etc. De cette façon, la mélodie se modifie chaque fois.
Voici maintenant une petite histoire sur « l'échelle de notes ».

## PROMENADE À CHEVAL SUR L'ÉCHELLE DE SONS

On commence par monter l'échelle des sons à cheval, en écoutant la petite histoire. Puis, après le quatrième échelon, tous les enfants se retournent, pour que le cheval et son cavalier puissent descendre l'échelle la tête en bas.

## LA CHANSON-PUZZLE

Après avoir écouté le début d'une chanson, on essaie de reproduire la mélodie, sur « l'échelle de sons animée », sur un xylophone, sur un carillon, ou sur un piano. Il suffit de jouer quelques notes, ou quelques mesures.

## RECONNAÎTRE LES INSTRUMENTS

Tous ensemble, nous écoutons une musique sur un disque ou une cassette. Quels instruments peut-on entendre ?

### IL ÉTAIT UNE FOIS UN CAVALIER

Il était une fois un cavalier.
Sur une échelle il chevauchait.
Quand en haut il est arrivé
Il fut forcé de s'arrêter.
Le cheval avait l'air inquiet
Et le cavalier, la tête en bas
Est descendu jusqu'en bas.
C'est arrivé ce matin au réveil
Moi, j'ai tout vu
de mes propres oreilles.

Joseph Guggenmos

# JEUX ET CHANSONS

## Jouer avec sa voix

Le goût du chant est déjà une preuve de talent musical, c'est une aptitude qui ne demande qu'à être développée. Il arrive hélas parfois que l'on se moque des jeunes enfants qui fredonnent parce qu'ils ne chantent pas tout à fait juste. Cette attitude peut pousser un enfant à se taire pour toujours, car un petit est susceptible et très sensible à ces remarques. Qui n'est pas vexé de s'entendre dire qu'il chante faux ?

Tous les enfants ont envie de chanter, et ils en sont tous capables. Ils chantonnent spontanément en feuilletant leurs livres d'images. Ils accompagnent de chansons leurs mouvements et leurs jeux. Ils jouent avec le langage en découvrant de nouveaux sons et de nouveaux mots.

Il serait absurde de vouloir corriger trop tôt un enfant, sous prétexte que l'adulte trouve qu'il ne chante pas parfaitement juste.

Il est infiniment plus utile de développer son envie de chanter, d'imaginer, de jouer avec sa voix et avec le langage.

Les chants, les textes et les jeux dramatiques font découvrir à l'enfant le plaisir de chanter, ils lui permettent de mieux appréhender les diverses formes musicales, tout en s'amusant.

## Atelier Musical

***En famille et avec des groupes d'enfants***

### Le cirque musical en chambre

J'ai trouvé ce petit poème dans un livre de comptines pour enfants.

Il éveille ma curiosité et me laisse entrevoir certains numéros de cirque, celui de cet idiot d'Auguste par exemple.

Mais à part l'Auguste, il y a beaucoup de choses à voir dans un cirque. Et si c'était le point de départ d'une nouvelle chanson ? Aussitôt dit, aussitôt fait. La mélodie est toute simple, et le texte aurait pu être écrit par un enfant. Le carnaval est à la porte. Pourquoi ne pas faire un cirque musical ? Il suffit d'un après-midi. Et avant d'emmener leurs enfants, les parents doivent assister à notre spectacle.

**ATELIER CHANT**

Tout le monde participe à l'écriture des vers. Chaque strophe est rédigée à partir des accessoires de cirque dont les enfants disposent, et des costumes qu'on a trouvés dans la malle de déguisements. Dès qu'on a écrit un nouveau vers, on le chante. Ainsi, les paroles illustrent petit à petit la mélodie de notre chanson.

Il faut aussi trouver un nouveau nom pour le cirque. Il s'appelle « Le cirque Pizzicato ».

# Au cirque Pizzicato

Paroles et musique
Dorothée Kreusch-Jacob

2. Au cirque Pizzicato
   C'est vraiment rigolo
   Oui tu peux voir un matou
   Faire un saut périlleux
   Tra lalala...

3. Au cirque Pizzicato
   C'est vraiment rigolo
   Oui tu peux voir le gros Paul
   Soulever deux quintaux
   Tralalala...

4. Au cirque Pizzicato
   C'est vraiment rigolo
   Oui tu peux voir un grand loup
   Qui conduit une auto
   Tralalala...

5. Au cirque Pizzicato
   C'est vraiment rigolo
   Oui tu peux voir deux fantômes
   Qui dansent le tango
   Tralalala...

6. Au cirque Pizzicato
   C'est vraiment rigolo
   Oui tout le monde applaudit
   Et voudrait voir la suite
   Tralalala...

**DES NUMÉROS SPLENDIDES !**

On répète maintenant tous les numéros évoqués dans la chanson. Le clown Auguste se promène en traînant sa brosse à dents derrière lui, comme si c'était un chien. Près de lui, le chat fait des acrobaties, et le gros Paul, en sueur, soulève un énorme coussin de canapé. Le loup se promène dans son auto, construite avec une chaise posée sur des coussins. La voiture glisse dans la pièce et heurte les deux fantômes qui répètent leur numéro de tango. Il faut maintenant découper soigneusement deux trous dans leurs draps, à l'endroit des yeux.

**LE CIRQUE ! LE CIRQUE !**

Chacun a choisi un rôle dans la comédie musicale du cirque. On installe des chaises et des coussins pour le public. Il faut tendre un rideau et dessiner les billets d'entrée. Il y a même un vendeur ambulant. Avec une ficelle, il a accroché à son cou une boîte remplie de friandises qu'il propose aux spectateurs. Et l'orchestre ? Sahra a l'idée de poser un petit instrument de musique sur chaque coussin. Le public aussi va devoir participer. Non seulement il chantera le refrain, mais il accompagnera les artistes en jouant avec les instruments.
Le directeur du cirque en personne a rangé sa baguette de chef d'orchestre, une cuillère en bois, dans la poche de son pantalon. Il va en avoir besoin. Le public ne doit surtout pas perdre le rythme.

**PUBLIC BIEN AIMÉ !**

Lorsque le dernier spectateur a pris place sur son coussin, le spectacle commence. Nous chantons la chanson du cirque Pizzicato tout en jouant. Et puisqu'on chante plusieurs fois le refrain, tous les enfant ont le temps de présenter leurs numéros. Applaudissements !

# Nous jouons avec un conte

Les enfants sont assis en cercle et on fait circuler un vieux livre d'images. Il n'est plus très beau, il est tout usé et tout abîmé. Tout le monde connaît « Il pleut bergère ». Les vieilles chansons et comptines ont encore du charme pour les enfants d'aujourd'hui. Voici l'histoire de « Julien qui vole ». C'est l'histoire idéale pour les week-ends pluvieux et ennuyeux.

## CINÉMA D'OMBRES CHINOISES EN MUSIQUE

Tous ensemble, nous construisons un théâtre d'ombres chinoises. Comme dans un film, on voit défiler toutes les aventures de Julien pendant son voyage dans le ciel.
Chacun des participants, petit ou grand, s'est vu confier un travail : préparer les matériaux, peindre, coller, découper, s'occuper de la sonorisation du spectacle...

## L'HISTOIRE DE JULIEN QUI VOLE

Quand il pleut à grosses gouttes
Quand l'orage détrempe les routes
Tous les garçons et les filles
Restent au chaud à la maison
Mais Julien n'est pas d'accord
Ça doit être plus drôle dehors
Il emporte son parapluie
Et part marcher sous la pluie.

L'orage souffle et mugit
Et tous les arbres se plient
Le vent gonfle le parapluie
Et emporte Julien l'étourdi
Si haut dans le firmament
Que personne ne l'entend
Il se cogne à un clocher
Et il perd son beau béret.

Julien et son parapluie
Voyagent toute la nuit
Le chapeau s'envole au loin
Et au ciel se cogne enfin
Où le vent l'a emmené,
Ça personne ne le sait.

## FILM D'OMBRES CHINOISES

Sur du papier noir, on dessine les silhouettes de Julien et de tous les objets de l'histoire (les nuages, le clocher de l'église, les toits, les arbres, Julien...). Puis, on les découpe et on les colle sur une longue bande de papier blanc (coller plusieurs feuilles bout à bout).
Si on colle les deux extrémités de la bande de papier sur des rouleaux de carton, on peut dérouler le « film », et nos images s'animent.

## CINÉMA D'OMBRES CHINOISES

On découpe une grande fenêtre dans un carton et on colle une feuille de papier blanc derrière cette fenêtre. De chaque côté, on fixe deux anneaux de fil de fer.
On insère ensuite les deux rouleaux d'images dans ces anneaux. Il ne reste plus qu'à décorer le théâtre d'ombres chinoises avec des rideaux et des éléments en carton, et à faire tourner les rouleaux d'images.

**MUSIQUE DE FILM**

Imaginer un fond sonore, une illustration vocale pour notre histoire. Chacun se choisit un rôle et fait des essais. Cela donne d'abord une drôle de cacophonie où se mêlent le bruit de la pluie, le hurlement du vent, le grondement de l'orage et les pas de Julien sur le pavé, dans les flaques d'eau...

Encore une répétition avant la représentation ? Chacun joue son rôle encore une fois. Et puisque c'est si amusant, les enfants essaient de jouer les rôles des autres. Ensuite, le bruit du vent et de la pluie ont l'air encore plus réel. Chut ! la représentation peut commencer.

**LA REPRÉSENTATION**

Commencer par un petit concert de voix pour illustrer ce qui va se passer dans l'histoire : le bruit du vent et de la pluie, les pas des garçons et des filles qui s'éloignent et vont s'abriter du mauvais temps.

Après cette introduction, le conteur lit lentement l'histoire pendant qu'on déroule le film. Est-ce que tous les musiciens sont intervenus au bon moment ? Ça n'a pas d'importance, on peut jouer encore une fois. Et le plus intéressant, c'est que toutes les représentations sont différentes !

# Une chanson à deux visages

Jean-Jacques Tournecou est un garçon très étonnant, qui change tout le temps d'humeur : tantôt il rit, tantôt il fait la tête. Suivant l'expression de son visage, sa voix est grave et triste, ou claire et joyeuse. Et quand il parle, il ne peut pas s'empêcher de bouger et de marcher, tantôt lourdement, tantôt avec grâce et légèreté.

## MASQUES RÉVERSIBLES

Jean-Jacques Tournecou appartient à la tribu des masques tournants. Les masques à deux visages sont très faciles à fabriquer.
Il faut :
– un carton plat (couvercle de boîte à chaussures),
– deux bandes de carton fort,
– des petits accessoires comme des plumes, des boutons, des feuilles, des bouchons, des rubans de bolduc, du papier de couleur,
– de la colle.

On découpe une entaille en bas du couvercle, et on colle une bande de carton fort de chaque côté du couvercle. On obtient ainsi un manche pour tenir le masque.

On réalise ensuite un visage sinistre et furieux d'un côté du carton, et un visage joyeux de l'autre côté.

Le jeu peut commencer ! Encore un essai devant le miroir ? S'il vous plaît, Monsieur Tournecou, faites-nous un sourire ! Et maintenant, mettez-vous en colère. Votre voix est vraiment puissante, et comme vous marchez lourdement !

## LE JEU DE TOURNECOU

Plusieurs enfants tournent en rond avec leur masque devant le visage. Il chantent une chanson connue, se déplacent à petits pas en dansant et présentent le côté joyeux de leur masque. Dès qu'ils entendent le signal (un claquement de doigts par exemple), ils retournent leur masque. Comme le visage, leur voix et leurs mouvements changent. Et la petite chanson est complètement transformée !

Le jeu dure jusqu'à ce qu'on ait chanté tous les couplets de la chanson. On peut alors recommencer avec une nouvelle chanson.

# Idées de jeux par tranche d'âge

***Pour les enfants à partir de 2 ans***

Pour les enfants de cet âge, chanter signifie jouer avec sa voix et avec le langage. Le lien entre la musique et l'apprentissage du langage est évident. On invente des petites chansons à partir de quelques syllabes, et des jeux à partir de couplets de chansons. Les jeunes enfants aiment beaucoup qu'on chante avec eux des berceuses, des comptines et des contes mimés avec les mains, ou qu'on les fasse sauter sur les genoux au rythme d'une petite mélodie. En bougeant les mains et tout le corps, mais aussi grâce au rythme des vers et des strophes, on apprend plus facilement à parler et à chanter.

### GRATOUILLES, CHATOUILLES ET RIRES

Voici la souris
Voici la souris
Dringdring dring
dring dring
Monsieur est
chez lui ?

La souris chatouille la main, le cou, la jambe, le ventre ou le genou de l'enfant. À la fin de la petite histoire, l'enfant vous demandera à coup sûr de recommencer encore une fois !

### LES DEUX MAINS

Mon nom est Joyeux
et je suis une main
Mon nom est Malin
et je suis une main
Joyeux et Malin partent en voyage
Ils pataugent tous deux
dans les marécages
Ils sont mouillés,
des pieds au visage
Mais Papa crie si fort
Qu'ils se sauvent vite dehors !

Chanson populaire

Nous frappons dans nos mains, une fois à droite, une fois à gauche. À la fin, nous regardons derrière nos mains tendues. Mais Joyeux et Malin sont déjà partis, derrière les montagnes.

### CINQ DOIGTS MUSICIENS

Le premier joue du tambour
(ran tan plan...)
Le deuxième secoue le grelot
(ding ding.)
Le troisième joue de la flûte
(tuttut tuut...)
Le quatrième chante une chanson
(tralalala...)
Le plus petit
Crie de toute ses forces
Et les cinq musiciens se sauvent
en courant

Dorothée Kreusch-Jacob

Chaque doigt de la main est un musicien. On imite le bruit de tous les instruments avec la voix. Quand arrive le tour du petit doigt, l'enfant crie de toutes ses forces. Il n'est pas étonnant que tous les musiciens se sauvent!

# Dix jolies marionnettes

Chanson populaire

2. Dix jolies marionnettes sautent de bas en haut.
   Dix jolies marionnettes sautent le matin tôt.

3. Dix jolies marionnettent gigotent toutes en rond.
   Dix jolies marionnettes avalent des bonbons.

4. Dix jolies marionnettes se sauvent dans la rue.
   Dix jolies marionnettes ont toutes disparu.

Avec les doigts, on mime les mouvements des jolies marionnettes, sur ses genoux, sur une table ou sur un tambour. À la dernière note, les jolies marionnettes ont disparu.

## LE PETIT POUCET

Petit poucet, petit poucet,
Ton chapeau est si petit
Il est encore plus petit
que le dé de ma mamie

Tiré d'un conte de Fr. Güll

On dessine un visage sur le pouce, et on fabrique un minuscule chapeau pour le petit poucet. Et si on chantait une chanson ?

### THÉÂTRE DE DOIGTS

Le petit poucet a rencontré quelques amis. On les voit soudain émerger silencieusement de leur théâtre-boîte. Ils se mettent bientôt à raconter une histoire, à chanter, à danser, et à se balancer d'avant en arrière.

***Pour les enfants à partir de 4 ans.***

Les enfants s'intéressent d'autant plus aux chansons qu'elles sont le prétexte d'un jeu. Il est en effet plus facile de mémoriser les paroles d'une chanson ou d'une comptine en s'amusant. On peut bien sûr chanter pour introduire ou pour conclure un jeu. Mais les calembours et les jeux d'écoute ou de mouvement facilitent aussi l'apprentissage des textes et des mélodies. On peut même utiliser la respiration.

Un goûter d'anniversaire, auquel on invite ses amis, peut donner l'occasion de se familiariser avec le chant.

# L'anniversaire de Margoton

Paroles : Paula Dehmel
Air populaire

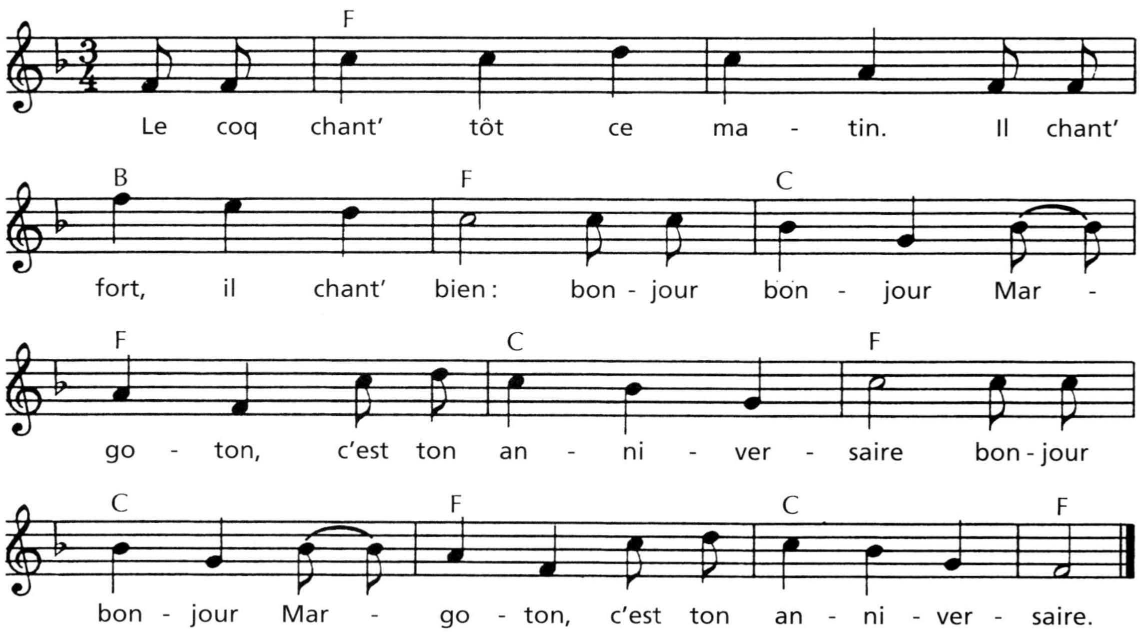

2. Le gâteau est sur la table
   Il est gros, il est bon
   Bonjour, bonjour, Margoton*
   C'est ton anniversaire (bis)

3. Tes parents, tes frères et sœurs
   Tous les enfants s'écrient
   Vive, vive Margoton*
   C'est ton anniversaire (bis)

* Nom de l'enfant dont c'est l'anniversaire

## VIVE MARGOTON !

Avec un tube de carton ou un cornet en papier, on peut augmenter la puissance de sa voix. Quand tous les invités chantent en même temps dans leur tube, la chanson est encore plus bruyante.
On obtient un son différent quand tous les enfants chantent en se pinçant le nez.

## LE TÉLÉPHONE ARABE

Si on parle dans un rouleau en carton, on peut se murmurer des vœux à l'oreille. Les souhaits sont envoyés à l'enfant dont c'est l'anniversaire. Est-ce que les messages sont arrivés intacts ou se sont-ils complètement transformés ?

## JE T'ENVOIE QUELQUE CHOSE DE CHAUD

En jouant au téléphone arabe, certains enfants ont remarqué que leur souffle était chaud. La respiration peut aussi être froide. Ce jeu permet d'envoyer quelque chose de chaud à travers le tube en carton. Au tour suivant on souffle quelque chose de froid, cette fois non plus dans l'oreille mais sur la peau.

## MARGOTON FAIT LA COURSE

Chaque enfant dessine un personnage sur une bande de papier. On plie en deux la bande de papier pour que Margoton tienne debout. La course commence, et chaque enfant souffle sur son personnage pour le faire avancer. Margoton atteindra-t-elle son but sans tomber ?
Il s'agit ici d'apprendre à utiliser son souffle.

## CLINS D'ŒIL

Les enfants chantent la chanson d'anniversaire. L'enfant dont c'est l'anniversaire fait un clin d'œil à l'un de ses amis.

Celui-ci continue à chanter tout seul puis, à son tour, fait un clin d'œil à quelqu'un d'autre, et ainsi de suite jusqu'à ce que la chanson soit terminée.

## CHERCHER AVEC L'OREILLE

On demande à l'un des enfants de sortir de la pièce, les autres cachent un petit instrument de musique dans un coin. Dès que l'enfant rentre et commence à chercher, tous les autres se mettent à chanter. Plus l'enfant s'approche de la cachette, plus les autres chantent fort, plus il s'en éloigne, plus on chante bas.

Quand l'enfant a trouvé l'instrument, il doit se mettre à chanter avec les autres. On cache un autre instrument, puis encore un, jusqu'à ce que tous les enfants aient leur instrument de musique dans la main.

*Pour les enfants à partir de 5 ans*

## LE JEU DES CHAISES MUSICALES

Tous les enfants sont debout, en cercle devant une rangée de chaises. Il doit y avoir une chaise de moins que le nombre d'enfants. Pendant que les enfants chantent la chanson, un tambour marque le rythme. Dès que le tambour se tait, tout le monde arrête de chanter et essaie de trouver une place. L'enfant qui n'en trouve pas est éliminé, et les autres recommencent à chanter en marchant. On enlève encore une chaise. Le dernier reste assis et chante la chanson tout seul, jusqu'à la fin.

Les chants et les contes font partie de la vie quotidienne de l'enfant. Il est plus facile de les mémoriser si on les mêle aux jeux des petits. Les comptines deviennent un véritable matériau de jeu si elles se modifient ou évoluent suivant les jours, ou selon l'humeur des joueurs. Il n'y a pas de limite à l'imagination. Votre enfant utilisera, transformera et renouvellera ce jeu au gré de sa fantaisie.
Il existe cependant plusieurs manières de retenir les histoires et les chansons. Bien avant de savoir lire et de connaître le solfège, l'enfant « raconte » ce qu'il vit en faisant des dessins.



## DES LIVRES DE CHANSONS

Il faut beaucoup de temps pour rassembler et illustrer les chansons. Votre enfant constitue sa collection d'images petit à petit, à mesure qu'il apprend de nouvelles chansons.
Si chaque enfant trouve une chanson, le groupe peut très vite, et très facilement constituer un livre de chants complet.

## FICHES DE CHANTS

Sur des fiches de bristol blanc, on dessine des images qui illustrent la chanson qu'on a choisie. Le dos des fiches reste vierge. Toutes les cartes sont rassemblées dans une boîte, et les enfants peuvent jouer au jeu des devinettes musicales. Un enfant tire une carte de la boîte de façon à ce que personne ne la voit. Il devine la chanson illustrée sur la carte et fredonne la mélodie ou marque le rythme. Les autres ont-ils deviné ? Si oui, tout le monde chante la chanson.

## LIVRE DE CHANTS DE POCHE

Il est si petit qu'il tient dans la poche d'un enfant. Pliez une bande de papier (14 cm x 9 cm). Sur la page de droite, on fait un dessin, et sur celle de gauche, on écrit le titre de la chanson. On colle ensuite plusieurs petites pages les unes contre les autres, et on fabrique une couverture en carton pour obtenir un mini-livre.

## THÉÂTRE DE CHANSONS AVEC DES ENVELOPPES

La chanson d'anniversaire a laissé des traces. Les petits personnages sortent de l'enveloppe comme d'une pochette surprise et jouent une petite scène qui illustre la chanson.
Pour réaliser le petit théâtre de chansons, procéder de la façon suivante : découper une fenêtre dans une enveloppe, et coller les rideaux du théâtre des deux côtés de la fenêtre. Ensuite, on dessine des figurines en papier, on les colorie, on les découpe et on les colle sur une bande de papier. Rideau ! On peut jouer ou chanter l'histoire. On peut fabriquer plusieurs petits théâtres de chansons et les conserver dans une jolie boîte à chaussures décorée.

## LA BOÎTE À IMAGES

On commence par découper un trou rond à l'avant d'une boîte en carton (boîte à chaussures), puis une large entaille de chaque côté pour y faire défiler un rouleau d'images, qui représentent les différentes scènes de la chanson, dans l'entaille du carton.

On peut coller les deux extrémités de la bande illustrée sur deux baguettes de bois (ou sur des tubes de carton), pour la dérouler plus facilement.
Les rouleaux de contes ou de chants, avec leur nombreux vers, sont une source d'inspiration inépuisable pour les dessins.

En parallèle, on apprend les textes par cœur. Si on pose une lampe de poche derrière le rouleau illustré, toute la scène s'éclaire. C'est vraiment très joli dans l'obscurité !

# JE VOUDRAIS DANSER !

## Jeux de mouvements et de danses

« Dansons la capucine... » Tout le monde connaît cette vieille chanson, et tous les enfants aiment danser. Ils n'ont pas besoin de modèle et savent inventer tout seuls leurs gestes et leurs pas. Ils réagissent à la musique immédiatement, et avec tout leur corps. Ils tournent, s'agitent, se balancent, penchent la tête, remuent les mains, trottinent sur la pointe des pieds en mesure. Ils sautillent comme des oiseaux, piétinent comme des éléphants, galopent comme des poneys...

Grâce à ces gestes, l'enfant étend son champ d'action tout en jouant. Il apprend à se repérer et à s'orienter, il fait la ronde, et prend conscience de l'espace. Des objets tels que les ballons, les cordes, les cerceaux ou les coussins l'aident à mieux coordonner ses mouvements, à développer son sens de l'équilibre et à inventer de nouveaux jeux.

C'est également grâce au mouvement que l'enfant entre en contact avec son entourage. Que ce soit avec des adultes, un enfant ou un groupe, l'enfant communique avec les autres, se mesure à eux, les guide ou se laisse guider. Petit à petit, il apprend ainsi à se connaître, à connaître les autres et à avoir confiance en lui. Enfin, en dansant, il est confronté à des règles musicales. Il va sans dire que si on le juge ou si on exige trop de lui, il risque de ne plus avoir envie de danser.

**LA MUSIQUE**

– Enregistrez des morceaux de musique sur une cassette. Vous vous épargnerez ainsi des manipulations fastidieuses. Et vous pouvez vous attendre à ce que vos enfants vous demandent de repasser la cassette.

– Essayez de jouer vous-même une musique de danse qui accompagnera l'enfant, pour pouvoir tenir compte de son rythme. Même si ces improvisations sont des plus rudimentaires, elles seront toujours beaucoup plus vivantes si vous les jouez sur un tambourin ou avec des castagnettes par exemple.

– L'idéal est que les enfants chantent un air de danse pour accompagner leurs mouvements. Cela permet à chacun de participer pleinement au jeu. Si vous manquez d'inspiration, n'hésitez pas à feuilleter un livre de chants.

# Atelier Musical

***En famille et avec des groupes d'enfants***

## Des danses avec des chiffons

Un chiffon est un objet doux au toucher. Quand on le regarde à la lumière, les couleurs sont éclatantes. Il flotte au vent, il peut servir de corde, ou bien de ballon si on le roule en boule. Pierre s'en fait une cape, et Sandrine décore ses cheveux avec des morceaux de tissu.

### DU SILENCE NAÎT UNE IMAGE

Aujourd'hui, chaque enfant a apporté un torchon. On étend tous les torchons sur le sol, en laissant un espace de la largeur du pied. Tous ensemble, nous les assemblons pour former une image. Nous ne savons pas encore ce que nous allons obtenir : un serpent, un escargot, un gigantesque échiquier de toutes les couleurs ?
L'un après l'autre, les enfants posent leur torchon, et une forme composée de carrés de couleur apparaît. Pendant ce temps, tout est calme et silencieux.

### UN CHEMIN DE DANSES

Notre image est un plaisir pour les yeux. Mais nos pieds et nos oreilles ont envie de jouer eux aussi. Au son d'une musique lente et douce, les enfants se promènent dans l'image, main dans la main. L'un des enfants dirige le cortège. On suit le petit « sentier » en posant les pieds dans les espaces entre les chiffons.

Comment serait notre danse si au lieu de nous promener entre les chiffons, nous marchions dessus ? Nous enlevons tous nos chaussures et nous avançons pieds nus. Le tissu est doux. Nous sommes bercés par le rythme de la musique qui nous guide d'une couleur à l'autre...

## LA DANSE DU CHIFFON GÉANT

Si nous attachons ensemble tous les chiffons en nouant les coins, nous obtenons un grand tapis de toutes les couleurs. Quand le chiffon géant est terminé, tous les enfants en tiennent un morceau et font la ronde. Le chiffon s'agite et ondule au rythme de la musique, d'autant plus que le vent pénètre dessous.
On voit des petits coussins d'air multicolores qui flottent au ras du sol, puis des vagues qui roulent lentement d'un côté à l'autre, puis une grande toile multicolore qui se gonfle au-dessus de nos têtes. En accord avec la musique, les enfants ont trouvé d'eux-mêmes le rythme, et ils se déplacent tous à la même allure.
Un seul vêtement pour tout le monde ! Si on se glisse entre les « coutures » du chiffon géant, on a l'impression d'être enveloppé avec les autres dans un manteau géant, léger, et multicolore.

## L'ANIMAL GÉANT

Sous le grand chiffon, les enfants sont transformés en mille-pattes géant. Cet animal a une ouïe excellente ! Au rythme de la musique, ses pattes se tortillent, marchent lourdement, puis piétinent, dansent, foulent le sol. Les enfants dirigent le cortège l'un après l'autre. À la fin du jeu, l'animal géant a gagné une poignée de cacahuètes !

## Le jeu de l'ours

Le terrier des ours est très confortable. Avec des draps et des couvertures, les ours se sont fabriqué un abri dans un coin de la pièce. Ils font la fête. On les entend jouer de la musique et chanter de très loin dans la forêt. Juste devant le terrier, il y a la forêt. Les arbres, les buissons, les collines sont représentés par des chaises, une corbeille à papiers et des cartons. De l'autre côté de la forêt, à l'autre bout de la pièce, on entend une voix : « Salut tout le monde... ! »

En effet, un petit ours est assis là tout seul, et il aimerait bien avoir des amis. Est-ce que quelqu'un est prêt à quitter le confortable terrier et à venir lui tenir compagnie ? Mais bien sûr ! L'enfant arrive déjà, danse dans la forêt, contourne les « arbres », chante et joue de son instrument.

### LE JEU DE LA CHANSON

Ce jeu musical où les enfants dialoguent en chantant, s'apprend en quelques minutes. L'ours qui est tout seul dans la forêt chante une strophe aux habitants du terrier, et les autres lui répondent. Chaque ours doit répéter la strophe, et ce système de répétition permet de mémoriser facilement le texte.

Tous les ours ont un petit instrument de musique (inspirez-vous du chapitre « Fabriquer ses instruments »). Le concert des ours est d'abord un concert bruyant, à plusieurs voix. Puis, au fur et à mesure du jeu, la musique se calme et devient de plus en plus douce.
Pendant que l'ours solitaire danse dans la forêt, on l'entend jouer de son instrument. Les autres ours peuvent ainsi fredonner le dernier vers de la chanson.

### LE JEU DE LA DANSE

C'est à chaque ours de décider de la façon dont il a envie de danser : en sautillant, en faisant des bonds, à quatre pattes, en zigzag, en ligne droite ou tout autour des arbres. Certains enfants particulièrement timides et réservés redoutent parfois de devoir sortir du terrier et danser tous seuls devant les autres. Mais une fois qu'ils se seront pris au jeu, ils seront ravis de le faire. Ils rejoindront enfin le groupe qui les attend à l'autre bout de la forêt, et les petits ours danseront tous ensemble.

# Salut l'ours

Paroles + jeu : F.K. Waechter
Musique : Dorothée Kreusch-Jacob

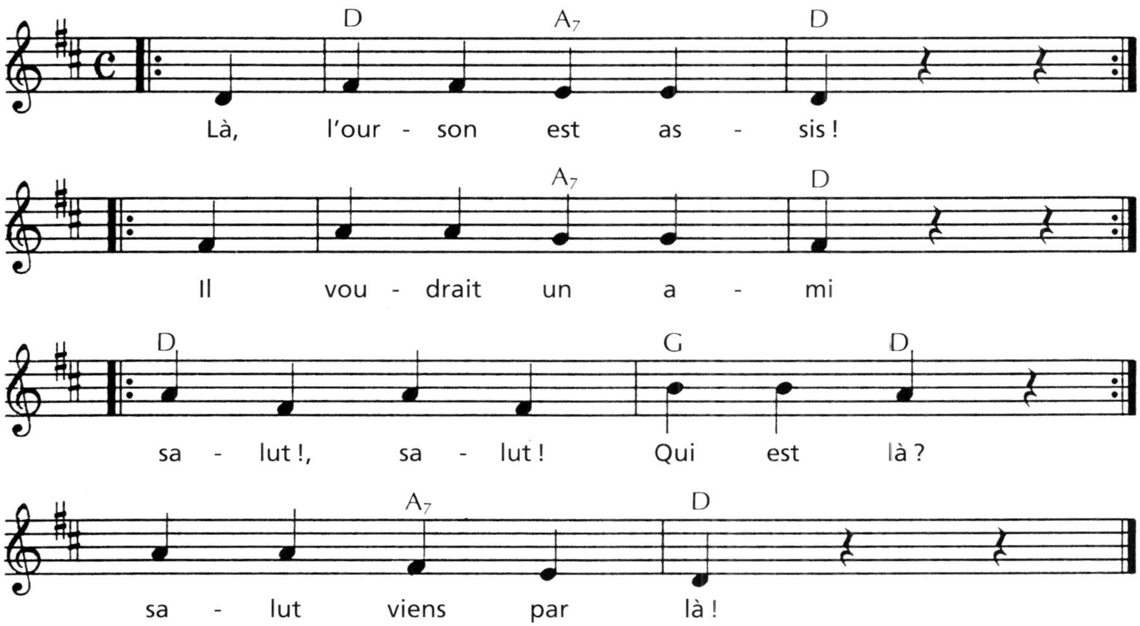

# Jeux avec des ballons

## ROBINSON ET ESTHER

Robinson, Robinson
Voyage dans un ballon
Dans les airs, dans les airs
Avec son amie Esther

## DANSE ROBINSON, DANSE !

Robinson et Esther ont envie de danser. Ils s'accrochent à un ballon multicolore, et ils s'envolent en direction de l'île aux Nuages.

## LA DANSE DE ROBINSON

Les enfants dessinent Robinson et Esther sur du papier épais, et les découpent. Avec un fil, ils les attachent à un ballon. Ils font danser ce ballon dans la pièce en le poussant du bout des doigts. Nous écoutons une musique très gaie, enregistrée sur une cassette ou jouée sur un instrument.
Pendant que Robinson et Esther se balancent dans les airs, les enfants se mettent à danser au rythme de la musique.

## LA DANSE DU NEZ

Pour ce jeu, chaque enfant se choisit un partenaire. Chacun maintient le ballon avec son nez. Mais il faut faire attention de ne pas le laisser s'envoler. Les deux danseurs peuvent se voir à travers le ballon, en rose, en vert, ou en bleu ciel. On danse maintenant au son d'une musique douce.
Il faut bouger tout doucement. Chaque danseur doit faire bien attention aux mouvements de l'autre. Il le suit ou le guide lentement dans la pièce.

## VOLE, BALLON

On fait sauter un ballon sur un chiffon bien tendu, au rythme de la musique. S'il s'approche un peu trop du bord, le joueur doit l'empêcher de tomber. Dès que la musique s'arrête, l'enfant que l'on a désigné frappe le ballon, sous le chiffon. Le ballon va-t-il s'envoler ou va-t-on réussir à l'attraper pour continuer à le faire danser ?

## LE BALLON À EAU

On verse un peu d'eau dans les ballons gonflés avant de faire le nœud. Il s'agit maintenant de balancer tout doucement le ballon sur le dos de la main. Ce n'est pas si facile, puisque l'eau bouge à chaque mouvement. Au son d'une musique douce, les enfants se déplacent dans la pièce.

## LA FIN DU JEU

On peut continuer à jouer au ballon à eau dans le jardin ou dans la cour de récréation. Le jeu est terminé quand le ballon est crevé.
À la fin de ce jeu, tout le monde est essoufflé et mouillé !

# Les grelots d'Elsa

Certaines comptines plus anciennes me donnent une impression étrange. C'est comme si j'appuyais sur une sonnette. Parfois, le souvenir m'ouvre la porte, et mes expériences d'enfant me reviennent soudain à l'esprit.

À d'autres moments c'est le présent qui m'accueille. Les vers prennent alors de la couleur. J'ai envie de les lancer à mes enfants comme un ballon.



Cling clang, Barnabé,
Elsa monte l'escalier
Elle a un joli paletot
D'où pendent sept petits grelots
Les grelots commencent à tinter
Et Elsa se met à chanter.

Comptine populaire
Traduite librement de l'allemand

## LE VISAGE-BEDON : UN MASQUE GÉANT

C'est bientôt l'anniversaire de l'un des enfants. Nous avons envie de nous déguiser, de porter des masques et de danser. Elsa fait partie de la tribu des Visages Bedons. En d'autres termes, le visage d'Elsa, c'est le ventre de Thomas. Ses amis lui on dessiné un visage sur le ventre et lui ont attaché un nez en carton autour de la taille.

Quand Thomas danse, son ventre bouge, et la bouche, le nez et les yeux d'Elsa dansent aussi ! Et les sept grelots de sa chemise tintinnabulent.

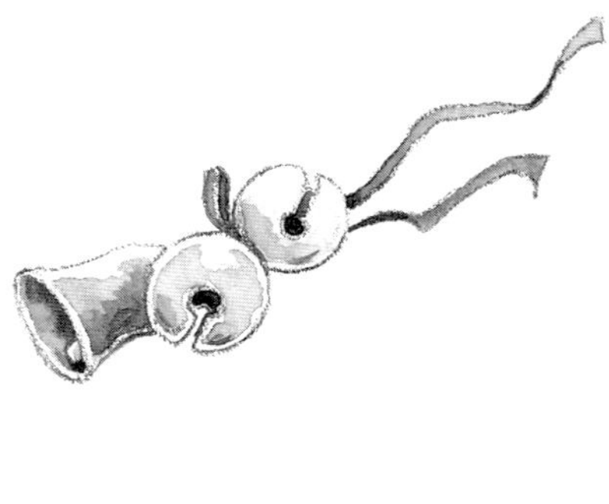

### LE COSTUME D'ELSA

Pour le chapeau, il faut :
Un morceau de carton ondulé, du papier crépon de toutes les couleurs, une vieille chemise, sept grelots, une ficelle, du papier journal, du maquillage, du ruban adhésif.
On roule le carton en tube assez grand pour qu'un enfant puisse s'y tenir les bras tendus, et on colle les deux bords avec du ruban adhésif.
On applique ensuite une bande de colle sur le bord inférieur du tube, et on y fixe des cheveux en papier. On recouvre enfin le chapeau de papier crépon de toutes les couleurs. Et si on le décorait avec quelques fleurs ?
Il ne faut surtout pas oublier de découper deux trous à la hauteur des yeux, sinon Elsa ne verra pas où elle va.
La chemise d'Elsa est attachée à la ceinture du pantalon de Thomas. Il ne reste plus qu'à bourrer les manches de papier journal, et à coudre les grelots sur sa chemise. La danse peut commencer.

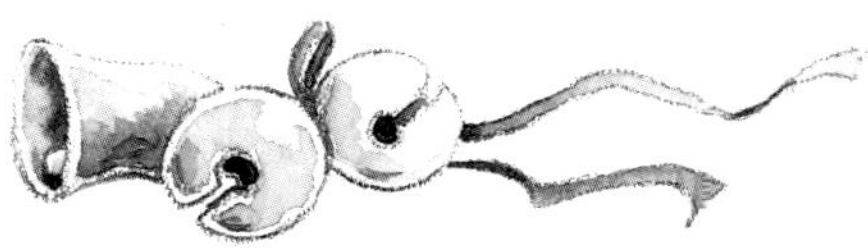

### LE BOOGIE DES GRIMACES

Elsa fait sautiller son nez et danse le boogie des grimaces. Son public est assis en rond autour d'elle, amusé, mais aussi très fier. En effet, tout le monde a participé à la réalisation du costume... Maintenant, Elsa n'est plus la seule à danser. On voit apparaître d'autres personnages étranges. Nos réserves de grelots sont épuisées depuis longtemps. On entend maintenant un vrai boogie enregistré sur une cassette. On n'avait jamais vu de bal aussi endiablé dans notre salon !

# Idées de jeux par tranche d'âge

***Pour les enfants à partir de 2 ans***

Les enfants de cet âge perçoivent très bien le lien entre la musique et le mouvement. Ils réagissent à la musique avec tout leur corps. Leur visage exprime tantôt la joie, tantôt le plus grand sérieux.

Les jeux de mouvement les amusent beaucoup. Ils marquent le rythme des vers ou des chants avec leurs doigts, leurs mains, leurs pieds et tout leur corps.



### L'OURS QUI DANSE

Voici l'ours
Ce gros balourd
Voici la souris
qui vite s'enfuit
Voici le moucheron
Au-dessus du pont
Voici l'abeille
Qui a sommeil

Cette comptine est encore plus amusante si on fait courir ou danser les animaux sur sa peau avec les doigts.
On peut aussi l'illustrer en tapant des pieds. Comment se déplacent l'ours, la souris, le moucheron et l'abeille ?

### SAUTE, SAUTE, CAVALIER !

Saute, saute, cavalier.
S'il tombe il va crier.
S'il tombe dans le fossé,
le loup va le manger.
S'il tombe dans le marais,
il risque de se noyer.

### À CHEVAL SUR TES GENOUX

L'enfant est à cheval sur les genoux d'un adulte. Quand le cavalier tombe dans le « fossé », il se penche un peu en arrière. Quand il risque de se noyer, il se renverse complètement en arrière et Maman le retient par les mains.

### LE JEU DU PIÉTINEMENT

Pour le jeu de l'éléphant, l'enfant se met debout sur les pieds d'un adulte. Le couple se promène dans la pièce au rythme de la musique.



# Je suis un éléphant

Paroles et musique :
Dorothée Kreusch-Jacob

# Jacquot est un ours velu

Chanson populaire

2. Jacquot commence à chanter
Jacquot est un homme très gai...

3. Jacquot commence à danser
Jacquot est un homme très gai...

### LE BONNET À GRELOTS

Coudre des grelots sur un vieux bonnet. Quand Jacquot l'ours velu se met à danser, les grelots l'accompagnent en faisant une jolie musique.

### LA DANSE DU MATELAS

La danse du matelas ou du coussin est très amusante. Sur un pied, à quatre pattes, plus haut, encore plus haut...et la petite sauterelle ne risque pas de se faire mal en tombant.

### LA DANSE AVEC UN TAMBOUR

Au son d'un tambour ou d'un autre instrument de musique, l'enfant saute sur le matelas. Dès que la musique s'arrête, il se pelotonne, jusqu'à ce que le roulement du tambour le « réveille » de nouveau. La danse du matelas est encore beaucoup plus drôle quand on joue à deux.

### PAUVRE PETIT LAPIN

Lapin, dans son terrier
ne peut pas se réveiller
Pauvre lapin, es-tu blessé
pour ne plus pouvoir sauter ?
Lapin saute !

### LE PETIT LAPIN

Le pauvre petit lapin est assis au milieu de la ronde qui tourne pendant que tout le monde chante. À la fin de la comptine, tous les enfants s'acroupissent et se lâchent les mains pour que le lapin puisse sauter entre eux.

### QUI PART AVEC MOI ?

Tuut, tuut, tuut, le petit train
Qui veut venir à Moulin ?
Je n'veux pas voyager sans toi
J'emmène *... avec moi

* (Nom d'un enfant)

Un enfant joue le rôle de la locomotive et tourne en rond. À la fin de la comptine, il s'arrête devant un camarade et l'emmène avec lui. Les wagons s'accrochent ainsi petit à petit au train.



### LE HAMAC

Fatigué de danser ? Un enfant se couche sur un carré de tissu. Les autres se donnent la main et le bercent au son d'une musique douce. On peut aussi fredonner ou chanter une berceuse.

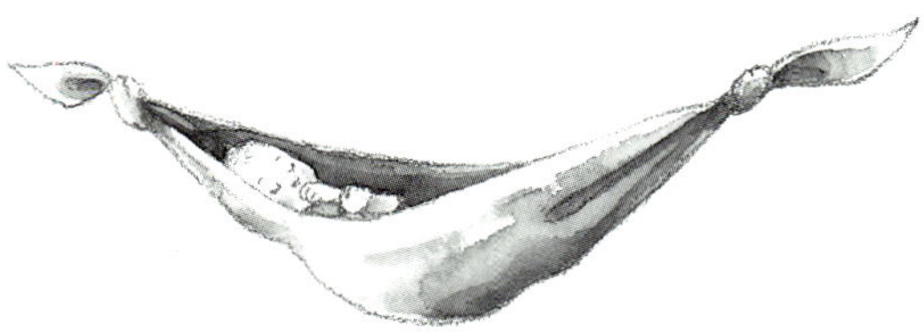

***Pour les enfants à partir de 4 ans***

Seul, en groupe ou avec un adulte, l'enfant ne perd pas une occasion de bouger. Il aime danser librement sur une musique. Ces jeux l'incitent à imiter toutes sortes de mouvements, et les rondes lui enseignent les règles de certaines formes musicales très simples.

# Le papillon rouge

Chanson populaire

**LE JEU DU PAPILLON**

Les enfants font la ronde en chantant. Ils se tiennent par la main, les bras tendus. À « et toutes les fleurs ruissellent », tout le monde s'accroupit. L'enfant « papillon rouge » arrive en volant. À la main, il tient un papillon rouge en papier. Il passe et repasse entre deux enfants et s'accroupit enfin à côté d'un des joueurs. C'est au tour de ce dernier d'être le « papillon rouge ».

# Le petit pantin

Air populaire

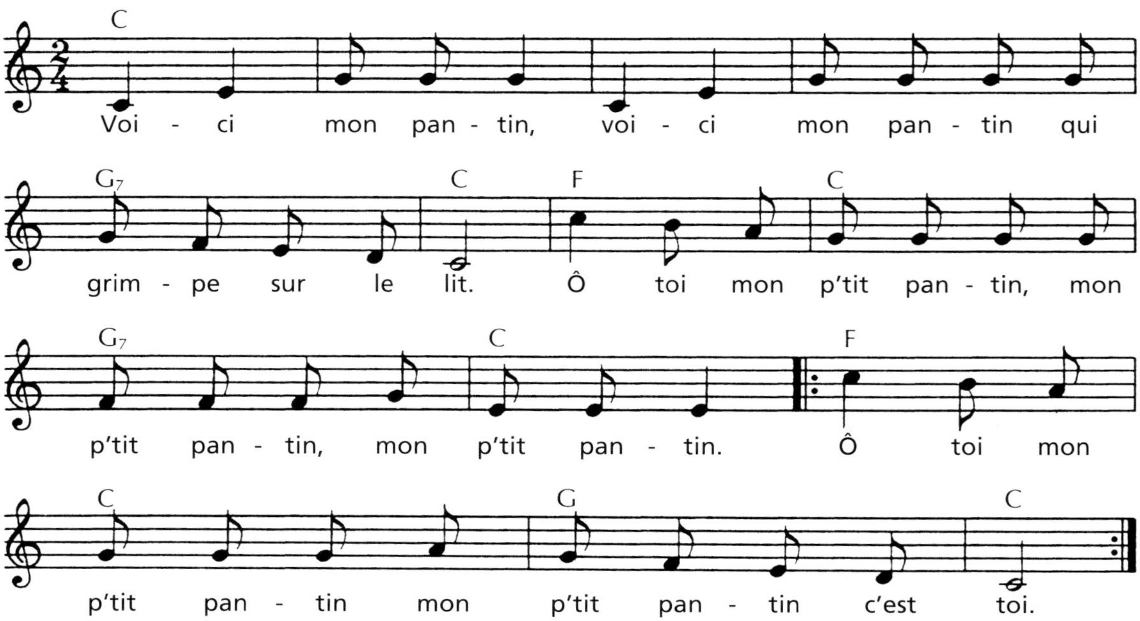




2. Voici mon pantin (bis) qui enfile ses chaussettes.

3. Voici mon pantin (bis) qui rentre dans son caleçon.

4. Voici mon pantin qui endosse son veston.

5. Voici mon pantin qui coiffe son chapeau.

6. Voici mon pantin qui part se promener.

7. Voici mon pantin qui danse avec Zoé.

## LA DANSE DU PANTIN

Cette chanson doit être accompagnée de gestes pour mimer l'action. On joue avec plusieurs enfants qui sont debout en cercle. Au refrain, ils se lâchent les mains et applaudissent pendant que le pantin danse.

## DEUX DANSEURS SE RENCONTRENT

Une oie toute blanche se dandine dans le pré. Ses plumes en papier journal s'agitent en bruissant, et accompagnent tous ses mouvements d'une sorte de musique. Elle rencontre le pantin de la chanson précédente.

« Tralalala, mon petit pantin danse
et rencontre dans le pré
une oie toute blanche »
Comme ils dansent bien tous les deux !
L'ours sort lui aussi du coffre à jouets.
« Tralalala, mon gros nounours
danse... »
et le perroquet sort de sa cage en voletant pour danser avec l'oie...
Et qui encore ?

## LE PANTIN DEVANT LE MIROIR

On peut bouger facilement toutes les parties du corps du pantin. Ses doigts, ses mains, sa tête, ses bras, ses jambes, tout remue et gigote. Pour ce jeu, il est debout devant un miroir, se regarde, et bouge ses membres en musique. Le « miroir » est représenté par un autre enfant. Il fait tous les mouvements du pantin en même temps que lui. Ensuite, on échange les rôles.

## QUEL EST CET ANIMAL QUI DANSE ?

Une danse-devinette, où on imite les mouvements d'un animal. Un chat qui marche à pas feutrés, une grenouille qui saute, une poule qui picore, un éléphant qui marche à pas lourds, un escargot qui rampe... Celui qui a deviné ne doit pas dire le nom de l'animal, mais il doit aussi l'imiter.

## LES GÉANTS ET LES NAINS

La musique est magique ! Si elle est douce, les danseurs se transforment en nains minuscules qui pourraient passer par un trou de serrure. Si la musique est forte, les nains se changent en géants dont les bras touchent le plafond.

***Jeux de plein air pour les enfants à partir de 5 ans***

Les danses et les jeux de mouvement offrent aux enfants de cet âge l'occasion de se détendre et de se dépenser. Les appartements exigus, les rues encombrées et les aires de jeux trop rares leur donnent encore plus envie de bouger.

**JOUER AU BALLON EN CHANSONS**

Le ballon roule, saute et vole d'un enfant à l'autre. Le rythme de cette chanson s'accorde parfaitement à tous les jeux de ballon.

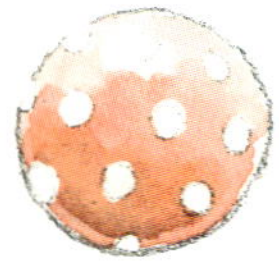

# Roule, ma balle

Paroles et musique :
Dorothée Kreusch-Jacob

2. Saute, ma balle, saute, viens vers moi ! Qui saute aussi bien que toi ?

3. Vole, ma balle, vole, viens vers moi !Qui vole aussi bien que toi ?

# On entend chanter les oiseaux

Chanson populaire

2. Eh, eh mon chasseur bien aimé,
Vous vous êtes trompé
C'est un autre petit oiseau
Qu'on entendait siffler.

**PETIT OISEAU, COMMENT CHANTES-TU ?**

Les oiseaux fuient le chasseur qui a les yeux bandés. Après le premier couplet, celui-ci demande à un oiseau : « Comment chantes-tu ? ». L'oiseau chante en déguisant sa voix. Si le chasseur ne reconnaît pas l'enfant, c'est au tour de ce dernier d'être le chasseur. On continue à chanter jusqu'à ce que l'oiseau soit identifié.

## LE MOULIN À VENT

Le « moulin à vent » est facile à fabriquer. On verse un peu de sable dans un mouchoir, puis on noue les coins et on attache le mouchoir au bout d'une longue ficelle. On peut fixer des bandes de papier crépon de couleur sur la ficelle.

Les enfants font maintenant tourner leur moulin en s'écartant au maximum les uns des autres. On peut dessiner toutes sortes de figures dans l'air. Puis, tout le monde chante une chanson. À la fin de la chanson, les enfants lancent le moulin à vent en l'air, le plus haut possible.

## LE ROI DES SONS

Les enfants sont tous en rang de façon à se trouver à environ trois mètres du roi.

Ils aimeraient bien courir vers lui à grandes enjambées mais, malheureusement, ils doivent d'abord demander et attendre.
Chaque enjambée représente un son.
« Sire, combien de sons m'envoies-tu ? » demande un enfant. Le roi reste muet, mais son tambour répond.
Rythme lent - grande enjambée.
Rythme sautillant - on saute à cloche-pied.
Rythme plus rapide - on marche sur la pointe des pieds.
Qui rejoindra le roi le premier ?

## ON JOUE À S'ATTRAPER

Les enfants se promènent et chantent la comptine sans se soucier du danger. On entend rugir l'animal sauvage au fond de son terrier. À douze, il bondit et attrape une proie. La proie prend alors le rôle de l'animal sauvage.

# L'animal sauvage

Chanson populaire

À deux, ne vient pas,
À trois, ne vient pas,
À quatre, ne vient pas,
À cinq, ne vient pas,
À six, ne vient pas,
À sept, ne vient pas,
À huit ne vient pas,
À neuf, ne vient pas,
À dix, ne vient pas.

# AIMER LA MUSIQUE DES GRANDS

## Un aperçu du monde musical des adultes

Que ce soit au cirque, au concert ou au théâtre, dans la rue ou dans les fêtes folkloriques, les enfants curieux ne perdent pas une occasion de faire provision d'expériences musicales.
Quel que soit leur âge, tous les enfants peuvent faire connaissance avec le monde musical des adultes. Aucun disque, aucune explication si précise soit-elle, ne peut lui être aussi profitable qu'un contact direct avec le musicien qu'il observe et écoute attentivement, de tous ses yeux et de toutes ses oreilles. Il s'imprègne ainsi de l'atmosphère de la musique.

Les enfants ont besoin de ce type de rencontre pour appréhender la musique. Malheureusement, notre conception un peu élitiste de l'art ne favorise pas ce genre d'expériences.

## Atelier Musical

***En famille et avec des groupes d'enfants***

**LA MUSIQUE EST AU COIN DE LA RUE**

Enfant, je me sentais très attirée par le vieux chanteur aveugle qui chantait ses ritournelles un peu tristes sur le marché de ma petite ville.
Le trompettiste dans la cour, le joueur d'orgue de Barbarie qui chante ses belles ballades nostalgiques dans la rue... C'est grâce à tous ces personnages que les enfants pouvaient jadis entrer en contact avec la musique des adultes.
Aujourd'hui encore, nous avons parfois l'occasion de rencontrer ces musiciens de rue. Sans billet d'entrée, sans être obligés de rester assis, au milieu de la foule des passants pressés, dans les rues, sur les places ou dans les quartiers piétons, nous les entendons soudain.

L'étudiante avec son violon, le joueur de flûte de Pan d'Amérique du Sud, le Grec qui danse le Sirtaki avec les passants, le jeune homme avec sa guitare...Vous remarquerez que les enfants sont fascinés par ce type de musique. Ils veulent rester pour écouter et regarder.

**L'ORCHESTRE**

Dans les fêtes et les diverses manifestations, les enfants sont tout particulièrement attirés par l'orchestre : les instruments à vent étincelants, le joueur de tuba aux joues gonflées, la batterie, le chef d'orchestre qui agite sa baguette. Le petit spectateur voudrait bien danser ou courir derrière les musiciens.
Il s'intéresse surtout à l'orchestre du cirque. La musique a une place prépondérante dans le spectacle. Les mouvement des artistes et des animaux sont accompagnés de rythmes différents. Les points culminants des prestations de certains clowns sont également soulignés par de la musique, et les dangereux numéros d'animaux sauvages sont annoncés par un inquiétant et mystérieux roulement de tambour.

**L'OPÉRA**

Dans les opéras, les liens entre le spectacle et la musique sont encore plus étroits. Dans « La flûte enchantée » ou dans « Hansel et Gretel », la musique, le décor et le jeu de scène se conjuguent. Les enfants découvrent la grande musique avec leurs yeux et leurs oreilles.

« Je suis le chasseur d'oiseau, toujours joyeux... ! » C'est le joyeux Papageno de la « flûte enchantée ». Pour son anniversaire, Cédric a reçu un billet d'opéra. Il joue maintenant le rôle de Papageno. Dans son beau costume à plumes, il ressemble presque à un oiseau.

Pour faire les plumes, il a coincé des feuilles dans les mailles de son pullover. Des oiseaux en papier de toutes les couleurs volètent dans la cage. Et avec son sifflet en bambou, il attire les plus beaux oiseaux de la forêt.

Il n'y a pas d'opéra dans toutes les villes, mais on joue parfois un petit opéra dans les théâtres pour enfants, ou dans les théâtres de marionnettes. Parfois, on peut aussi assister à une répétition générale avec un groupe d'enfants, ou participer à une visite guidée pour voir les coulisses du théâtre.

## Au concert

Si on a l'intention d'aller au concert avec des enfants, il faut bien se préparer à cette expérience périlleuse. Les enfants ne resteront assis sans bouger que s'ils trouvent le spectacle vraiment intéressant. Ils auront en outre envie de participer ou de poser des questions, ce que les autres spectateurs auront peut être du mal à supporter ! Il vaut donc mieux rester jusqu'à l'entracte et ramener à la maison un enfant intéressé et ravi, plutôt que le forcer à rester assis pendant tout le concert, ce qui risquerait de gâter définitivement son goût pour la musique.

Quelques suggestions pour préparer l'enfant à assister à son premier concert :

Votre enfant sera sans doute ravi d'assister à des concerts et des représentations scolaires, surtout si c'est pour voir des amis ou des frères et sœurs plus âgés. Les danses folkloriques, les danses de groupes ou les chansons de Noël font plaisir à toute la famille, et donnent envie de voir d'autres concerts. Il est parfois possible d'assister aux répétitions avec les enfants.

Il y a beaucoup de choses à voir dans un orchestre, et les petits posent des questions sur les instruments, les partitions et les pupitres. Après la répétition, votre enfant sera familiarisé avec les concerts.

Mais il faut aussi savoir choisir la musique. Quand vous parlez à l'enfant de la musique qu'il va entendre, vous remarquez vite que, pour les petits, certaines musiques sont plus compréhensibles que d'autre. Certains morceaux racontent une histoire ou forment un tableau musical, d'autres donnent un rôle à chaque instrument (« Pierre et le loup » par exemple).

Dans les concerts pour enfants, on joue et on présente souvent ce type de morceaux. L'initiation peut aussi consister à écouter un morceau de musique. C'est un moment calme, on met un disque, on s'assied et on se tait. On écoute comment un son émerge parmi les autres.
Et dans un vrai concert, qu'est-ce qu'on entend ?

## UN ORGUE

On peut faire connaissance avec l'orgue dans l'église la plus proche. Il suffit de monter dans la galerie pour regarder jouer l'organiste. On peut même lui demander d'expliquer comment fonctionne son instrument. Parfois, les enfants ont même le droit d'appuyer sur les pédales. C'est aussi souvent l'occasion pour certains adultes de découvrir cet instrument puissant, avec ses énormes tuyaux.

## CHEZ LE LUTHIER

Il est parfois possible de visiter l'atelier d'un luthier. Dans les petites villes, les magasins d'instruments de musique possèdent souvent leur propre atelier. On regarde travailler l'artisan, on voit les instruments neufs ou pas encore terminés, et on peut examiner toutes les pièces. L'enfant pourra peut-être même acquérir quelques cordes ou une anche pour son instrument à vent.

## AU MUSÉE DES INSTRUMENTS DE MUSIQUE

Dans de nombreuses villes, on trouve un musée des arts populaires ou régionaux, où l'on peut voir des instruments de musique. Les enfants peuvent regarder les instruments courants, mais ils ont parfois aussi la chance d'admirer des instruments anciens ou originaires d'autres pays.

Si vous prévenez à l'avance le conservateur du musée, il sera sans doute prêt à accueillir un groupe d'enfants, et même à organiser une visite guidée. Les petits sont parfois autorisés à essayer certains instruments.

## MUSÉE MUSICAL POUR ENFANTS

Sarah a construit son propre petit musée d'instruments de musique. Elle a rangé et exposé tous ses jouets musicaux. Et puisque c'est un musée pour enfants, chaque visiteur a le droit de regarder les objets, de les toucher et de les essayer !

# CHOISIR UN INSTRUMENT

Après les expériences proposées dans les pages précédentes et les multiples activités sur le thème de la musique, l'enfant manifestera sans doute une préférence pour un instrument particulier. Souvent, son désir correspond à ses capacités et à ses aptitudes. Mais très souvent aussi, ce désir surprend beaucoup les parents, quand il ne leur déplait pas. Dans tous les cas, il est recommandé de consulter un professeur de musique. En général, on considère les aspects suivants :

**Les instruments à cordes** conviennent aux enfants qui perçoivent sans difficulté les intervalles musicaux. Ils doivent en outre être très adroits de leurs mains, avoir une grande capacité de concentration, et beaucoup de force dans les mains et dans les doigts.

La plupart des enfants doués pour le rythme sont plus attirés par **le piano**. Cet instrument correspond parfaitement à leur dynamisme. Là encore, l'habileté manuelle et une bonne coordination des mouvements sont des conditions essentielles.

**La flûte** est l'instrument idéal pour les débutants. Elle convient très bien aux enfants qui aiment souffler dans un instrument, apprécient l'enseignement collectif et les jeux de groupe. On peut commencer très tôt à donner des cours de flûte à bec à un enfant, si on veut lui donner le temps de choisir l'instrument définitif.

Pour certains **instruments à vent** (comme la clarinette ou le saxophone), il faut parfois se faire redresser les dents.

Les enfants moins adroits de leurs mains choisissent souvent les **cuivres**. Ils apprennent à en jouer avec beaucoup de plaisir et font des progrès rapides.

La **guitare** et les autres instruments à cordes pincées plaisent aux enfants qui aiment jouer à plusieurs. Dans ce domaine, la littérature musicale est très riche, depuis la musique classique jusqu'à la musique populaire. On peut jouer en groupe ou chanter en s'accompagnant de son instrument. L'âge auquel on commence à prendre des cours dépend du désir de l'enfant, de ses capacités, de son développement musical et de la compétence du professeur. En aucun cas, il ne faut exiger de l'enfant un certain rendement, une cadence de travail ou la pratique intensive d'exercices, comme on le fait à l'école. Vous risquez d'ôter à l'enfant toute envie de faire de la musique. L'apprentissage de techniques précises, la lecture et l'étude d'un morceau ne doivent pas entraver l'interprétation spontanée, l'improvisation, le jeu et le chant. Quand on apprend à jouer d'un instrument à un enfant, il faut respecter ces deux aspects de l'enseignement.

# Liste des activités

## CHUT ! ÉCOUTE !



## L'EAU, L'AIR, LE BOIS, LE PAPIER...

# FABRIQUER SES INSTRUMENTS

# LES INSTRUMENTS CLASSIQUES

# JEUX ET CHANSONS

## JE VOUDRAIS DANSER !



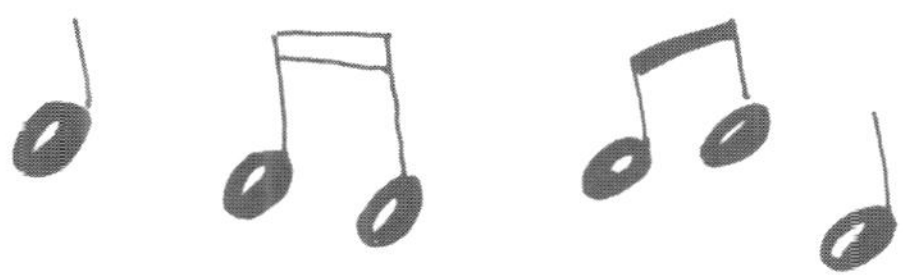

## AIMER LA MUSIQUE DES GRANDS

FLEURUS IDÉES

**SÉRIE 107**
16. Activités manuelles avec du papier
19. Comptines parlées et chantées
23. Mobiles, boules et guirlandes
26. Premières activités manuelles
30. Toutes petites histoires pour très petits enfants
37. 100 comptines pour un jour d'école
39. Bricolages du mercredi
40. ABC tout en comptines
42. La cuisine pour les petits
47. Animaux tout en comptines
48. Comptines de pluie et de beau temps
51. Des cadeaux tout en photos
53. Petits poèmes pour ceux qu'on aime
54. Le grand livre des comptines (série Luxe)
57. Jouer aux échecs dès 4 ans
58. Jeux pour un éveil musical
60. Poèmes pour rythmer l'année
61. Contes et comptines
62. Petit théâtre chez soi
63. Poèmes tombés de la lune
64. Comptines pour jouer avec mes mains et mes pieds
65. Petites comptines câlines

**JE FAIS TOUT SEUL**
1. Des bateaux en papier
2. Des petits animaux en pâte à sel
3. Des pompons en laine
4. Des scoubidous
5. Des mosaïques avec une pomme de terre
6. Des ribambelles en papier
7. Cocottes en papier
8. Pâte à modeler pour jouer
9. Pochoirs en papier
10. Boîtes à malices
11. Masques en carton
12. Piquages en laine

**J'APPRENDS À DESSINER**
1. Les animaux d'Afrique
2. Les animaux de la forêt
3. Les animaux de la ferme
4. Les animaux de la maison
5. La mer
6. La campagne
7. La montagne
8. Le bord de l'eau
9. Les dinosaures
10. Les animaux du Grand Nord
11. Les animaux du monde
12. Les oiseaux du monde
13. Les belles lettres
14. J'apprends à peindre les couleurs
15. J'apprends à dessiner au pochoir les transports
16. J'apprends à dessiner au pochoir le code de la route
17. J'apprends à peindre à la gouache
18. J'apprends à dessiner au feutre
19. J'apprends à dessiner les contes
20. J'apprends à dessiner le cirque
21. Dessiner au compas
22. Dessiner au crayon de couleur
23. La famille
24. L'école

La nature t/1
Les animaux lointains t/2

**PETITS DOIGTS**
1. Je dessine avec des ronds
2. Mes gommettes pas bêtes

**AUTOUR DES MUSÉES**
4. Au Louvre, un voyage au cœur de la peinture
16. Au musée d'Orsay, un voyage au cœur de la peinture
19. Le château de Versailles, quelle histoire !
21. Carnavals en France hier et aujourd'hui

**ATELIER**
1. Je dessine
2. Je peins
3. J'imprime
4. Je fabrique des cadeaux

5. Je photographie (du pocket au reflex)
6. Je filme en vidéo
7. Je me déguise en trois coups de ciseaux
8. Je sculpte de drôles de trucs

**ATELIER MAJOR**

1. Dessiner et peindre les animaux
2. Dessiner et peindre les personnages
3. Créer des objets en papier mâché
4. Dessiner et peindre les paysages

**CRÉA-NEUF**

1. L'argile
2. Papier et carton
3. Céramique décorée

**MES PREMIÈRES ACTIVITÉS MANUELLES**

1. Pâte à modeler
2. Papier
3. Marionnettes
4. Déguisements
5. Mobiles
6. Les quatre saisons
7. Animaux rigolos en papier
8. Avec de l'argile
9. Avec des œufs
10. Petits collages
11. Mini-mosaïques

**LE MERCREDI DES PETITS**

1. Cadeaux surprises
2. Mes animaux en pâte à sel
3. Desserts malins
4. Pâte à sel en fête
5. Noël, Noël !
6. Petits plats malins
7. Mini-mousse pour maxi-trucs
8. A vos masques !
9. L'herbier
10. Bouquets nature
11. Ma crèche en pâte à sel
12. Maquille-toi !
13. Jeux de Pâques
14. Tout en carton ondulé
15. Fleurs en papier crépon
16. Trésors de la plage

**IDÉES-JEUX**

4. L'album des nœuds
8. Jeux et fêtes aux couleurs du monde
9. Fêtes d'enfants
10. Mon livre d'activités manuelles pour les 7-10 ans
11. Maquillages en cinq minutes
12. Les pirates : histoire, bricolages, déguisements
13. Les Indiens : histoire, bricolages, déguisements
14. La fête est un jeu d'enfant : du goûter d'anniversaire à la kermesse
15. Indien de la tête aux pieds
16. Origami : le monde des animaux
17. Les chevaliers
18. Les dinosaures
19. Maquillages fantastiques
20. Bricolages faciles
22. Les Égyptiens
23. Décors et bricolages de Noël
24. Les Romains
25. Fabriquer des cerfs-volants
26. Décors et bricolages de Pâques
27. Décors et bricolages pour toute l'année
28. Découper, décorer : la fête en papier
29. Petits ateliers au fil des saisons
30. La musique et les petits
31. Noël au jour le jour
32. Premiers maquillages
33. Le clown c'est toi !

**HORS COLLECTION**

Mes recettes en fête

Ce titre est une édition revue et corrigée du livre *La musique et les petits* paru dans la série 107, chez le même éditeur.

Nous remercions les auteurs suivants de nous avoir autorisés à reproduire leurs textes :
Nortrud Boge-Erli pour « Cuis, cuis, soufflé ».
Hans Baumann pour « La lettre qui bruit ».
Josef Guggenmos pour « Il était une fois un cavalier » et « La feuille de papier journal ».
Wolfgang Menzel pour « Plustebak »
(NdT : traduit librement de l'allemand et intitulé « Pimprenelle, la marmotte ».
F.K. Waechter pour « Salut l'ours ».


ISBN 2-215-02132-2
ISSN 0991-4986
Dépôt légal : mars 1997
Imprimé par G. Canale & C. S.p.A.
Borgaro T.se - Turin (Italie)
3e édition